Play Guitar

CHRISTMAS

mit Schildi

33 Weihnachtslieder in 3 Versionen
sehr leicht bis leicht

- Solofassung
- Gut singbare Melodiestimme mit Begleitakkorden
- Gitarrenduo

Die Autoren

Michael Langer
spielt sowohl klassische Gitarre als auch Fingerstyle.
Zu Beginn seiner Karriere gewann er den Wettbewerb des American Fingerstyle Guitar Festival und wurde von der US-Zeitschrift Guitar Player als bester Acoustic Fingerstyle-Gitarrist ausgezeichnet.

Heute ist er Univ. Prof. für klassische Gitarre an der Anton Bruckner Privatuniversität Linz und an der Konservatorium Wien Privatuniversität und spielt seit 30 Jahren Konzerte in vielen Ländern Europas, in den USA und in China. Langer ist Autor zahlreicher Publikationen, die in mehrere Sprachen übersetzt wurden, und wirkt auch als Dozent von Meisterkursen und Fortbildungsveranstaltungen.

Mehr Informationen über CDs, Bücher, Konzerte und Workshops auf seiner Homepage: www.michaellanger.at

Ferdinand Neges
lebt seit 1986 als Gitarrenlehrer in Wien. Seine Ausbildung absolvierte er an den Musikuniversitäten Graz (Marga Bäuml-Klasinc, Heinz Irmler) und Wien (Konrad Ragossnig).
Regelmäßige Konzerttätigkeit in verschiedenen Kammermusikbesetzungen.
Internationale Erfolge mit den „Vienna Guitar Players“.
Rundfunk- und CD-Produktionen mit Neuer Musik.

Seit 1994 beschäftigt sich Ferdinand Neges (als Herausgeber, Arrangeur und Komponist) speziell mit der Unterrichts- und Spielliteratur für den Gitarrenunterricht.

D 3509 / ISMN 979-0-50017-420-2 / ISBN 978-3-86849-266-8

Arrangements & Notensatz: Michael Langer (www.michaellanger.at)
Konzeption & Layout: Ferdinand Neges (f.neges@drei.at)
Illustrationen: Jan Daxner (jan.daxner@hotmail.com)
Covergestaltung: Bertram Bergner, Tollwerk GmbH
Titelfoto: Schrägformat Fotografie

www.dux-verlag.de

Inhalt

Aba heidschi bumbeidschi

aus Bayern

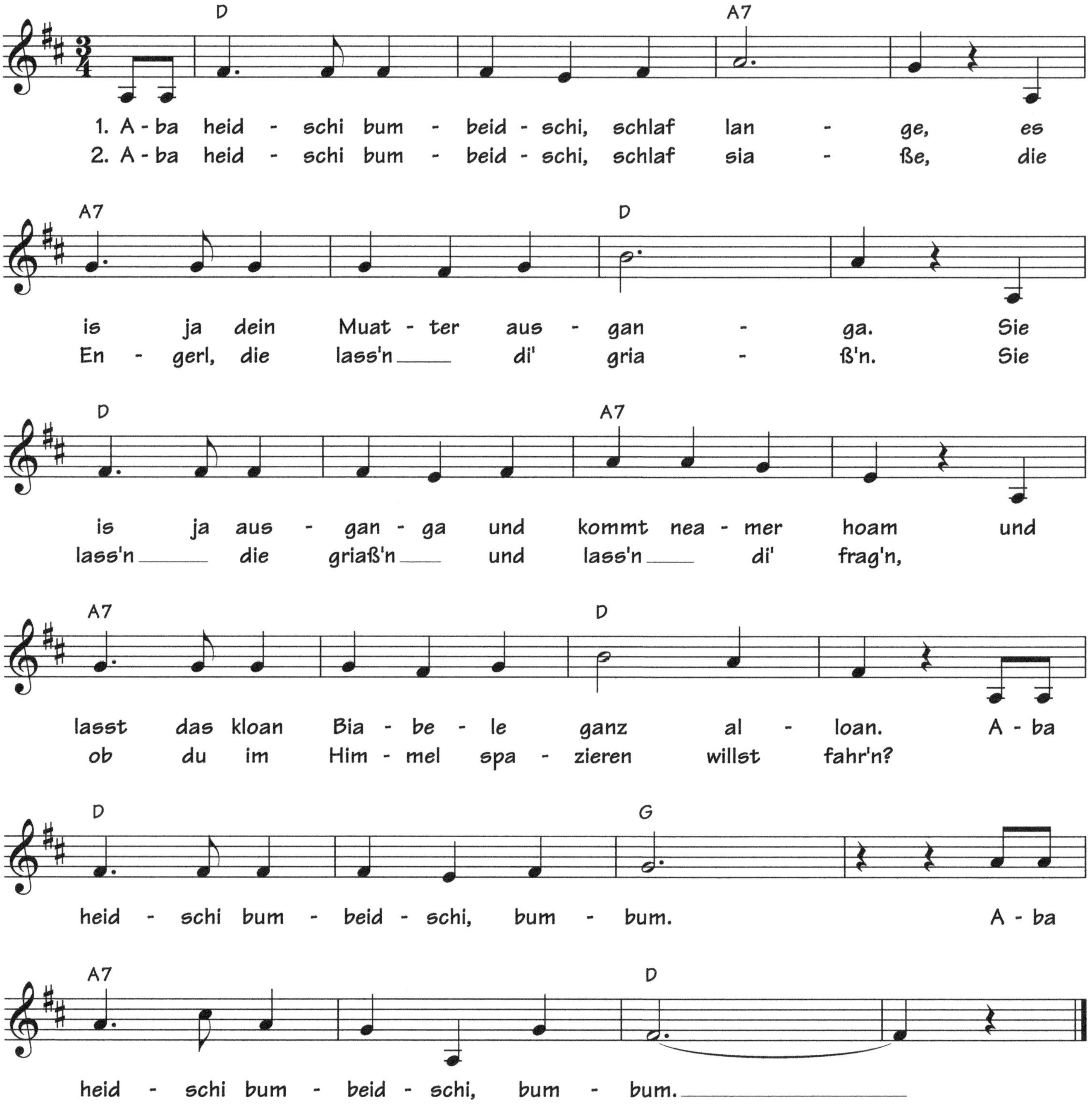

D
A7
1. A - ba heid - schi bum - beid - schi, schlaf lan - ge, es
2. A - ba heid - schi bum - beid - schi, schlaf sia - ße, die
A7
D
is ja dein Muat - ter aus - gan - ga. Sie
En - gerl, die lass'n di' gria - ß'n. Sie
D
A7
is ja aus - gan - ga und kommt nea - mer hoam und
lass'n die griaß'n und lass'n di' frag'n,
A7
D
lasst das kloan Bia - be - le ganz al - loan. A - ba
ob du im Him - mel spa - zieren willst fahr'n?
D
G
heid - schi bum - beid - schi, bum - bum. A - ba
A7
D
heid - schi bum - beid - schi, bum - bum.

Begleitung:

Picking

1
2
3
4
p
i
m
a
m
i

Strumming

3
4

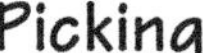

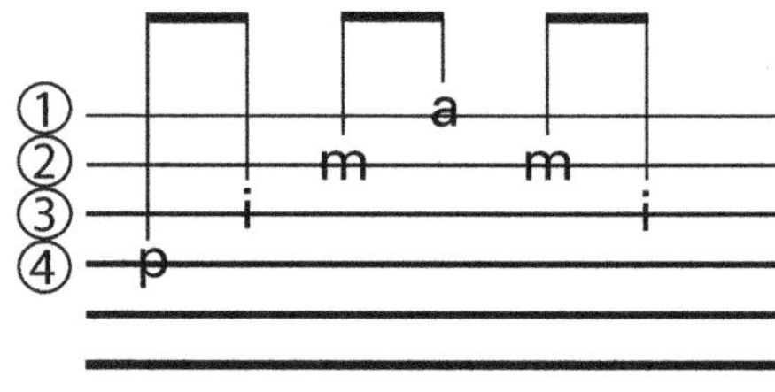

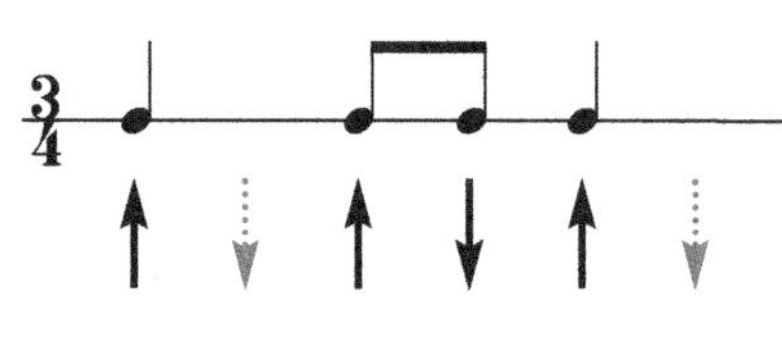

Aba heidschi bumbeidschi

Capo V

aus Bayern

Alle Jahre wieder

Wilhelm Hey / Friedrich Silcher

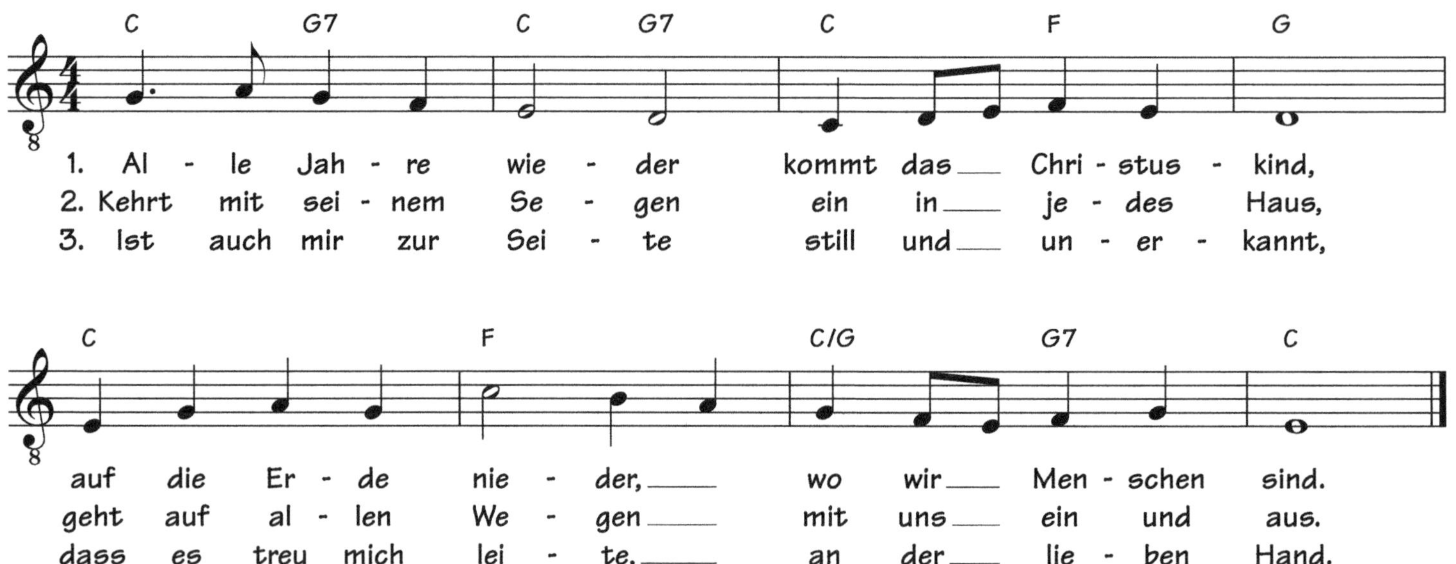

Begleitung:

Picking Strumming

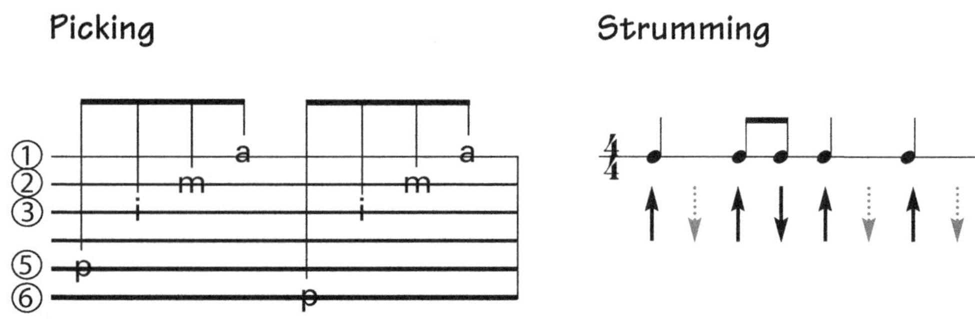

Alle Jahre wieder

Capo III

Am Weihnachtsbaum die Lichter brennen

Hermann Kletke / Volksweise

Begleitung:

Picking

Strumming

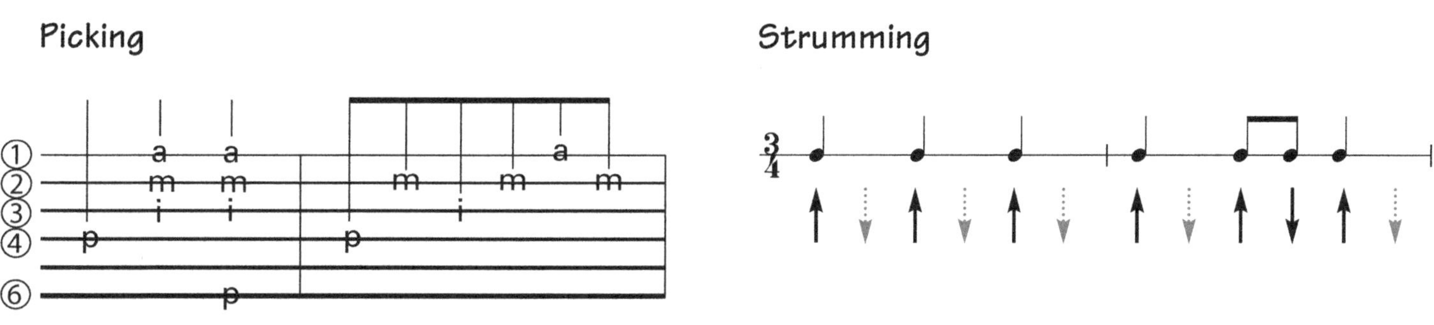

Am Weihnachtsbaum die Lichter brennen

Capo V

Es håt sich hålt eröffnet

aus der Steiermark

Begleitung:

Picking

Strumming

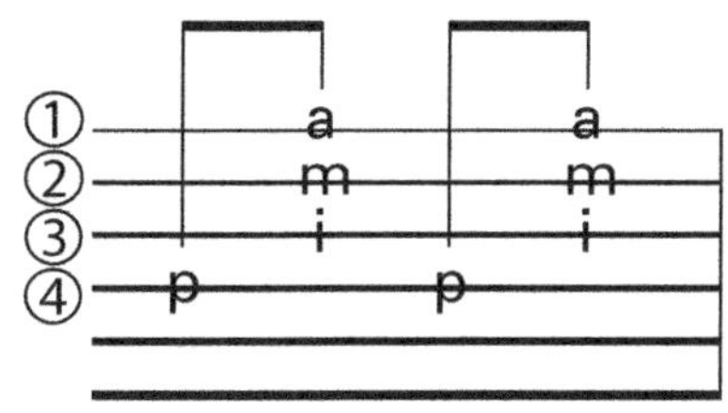

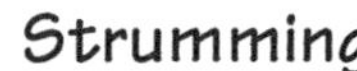

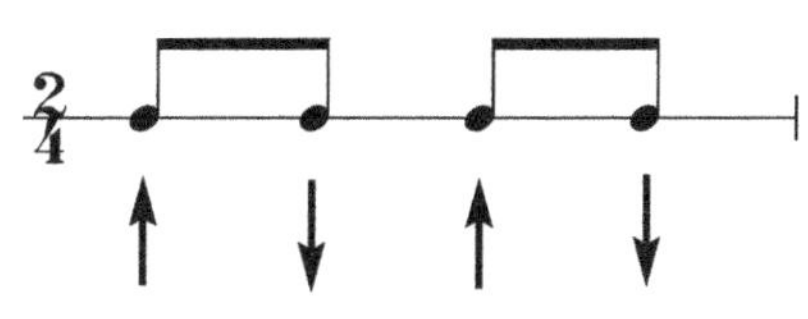

Es håt sich hålt eröffnet

Capo V

aus der Steiermark

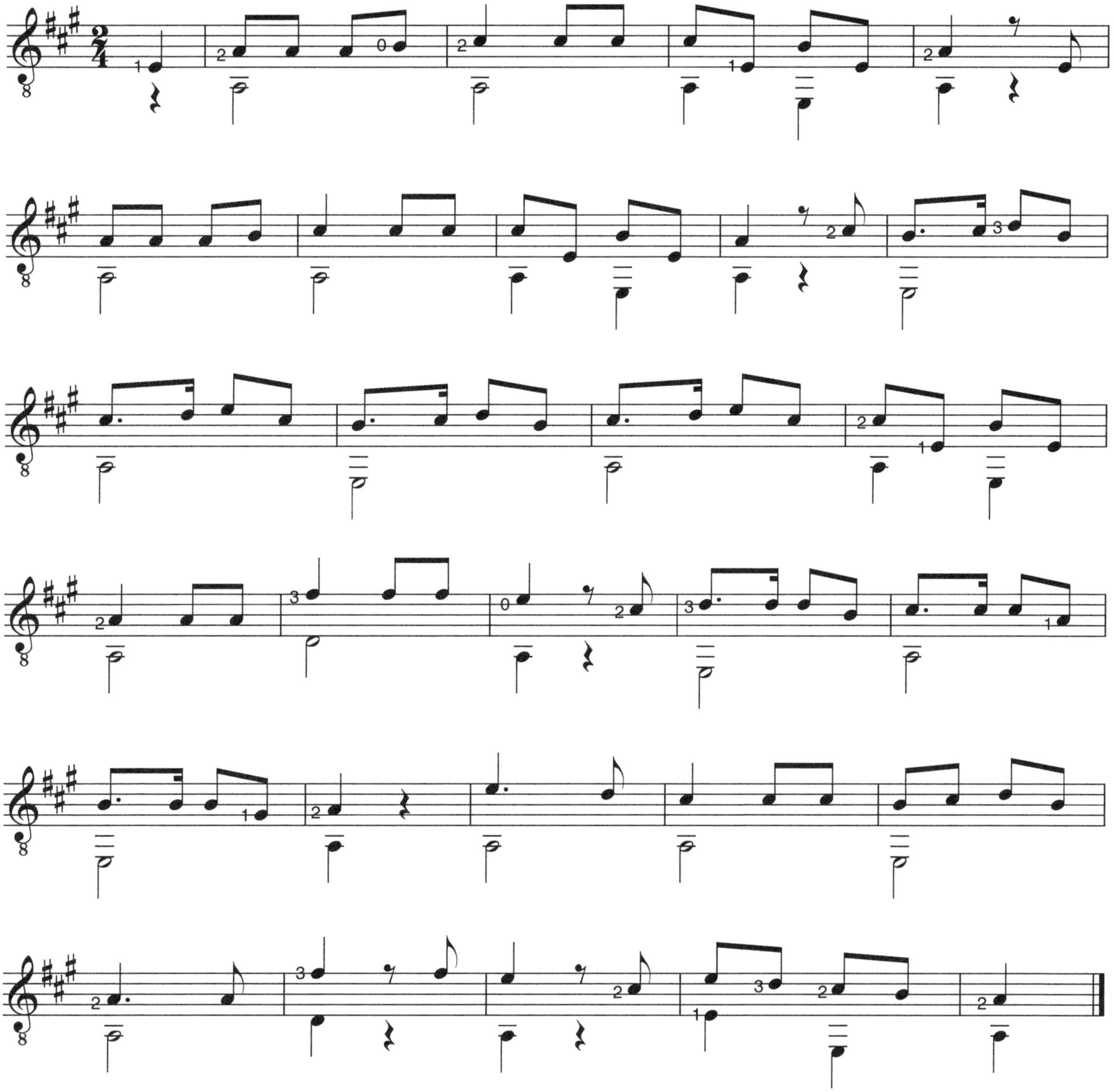

Es ist ein Ros' entsprungen

Satz: Michael Praetorius

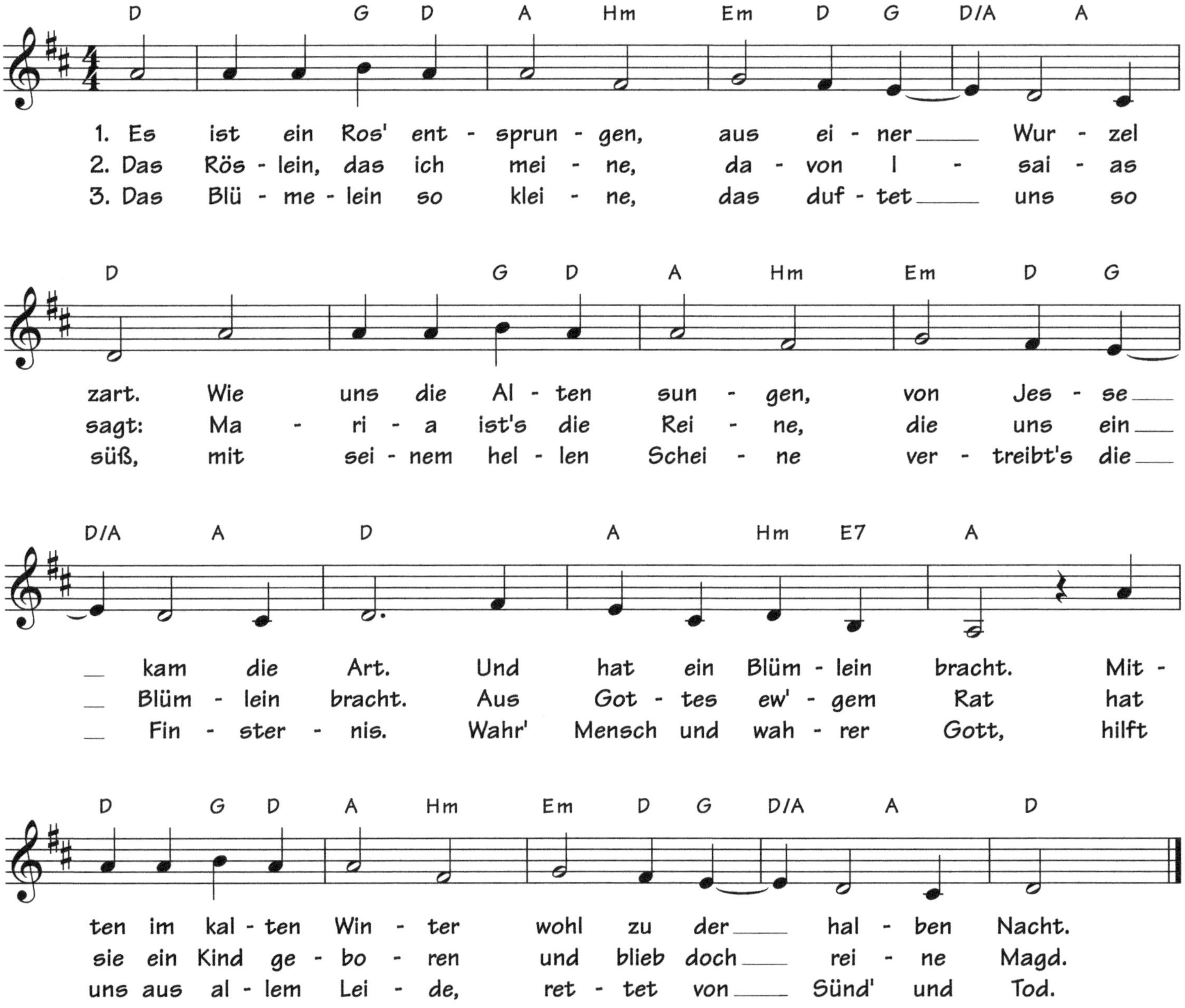

D G D A Hm Em D G D/A A
1. Es ist ein Ros' ent - sprun - gen, aus ei - ner___ Wur - zel
2. Das Rös - lein, das ich mei - ne, da - von I - sai - as
3. Das Blü - me - lein so klei - ne, das duf - tet___ uns so
D G D A Hm Em D G
zart. Wie uns die Al - ten sun - gen, von Jes - se___
sagt: Ma - ri - a ist's die Rei - ne, die uns ein___
süß, mit sei - nem hel - len Schei - ne ver - treibt's die___
D/A A D A Hm E7 A
__ kam die Art. Und hat ein Blüm - lein bracht. Mit -
__ Blüm - lein bracht. Aus Got - tes ew' - gem Rat hat
__ Fin - ster - nis. Wahr' Mensch und wah - rer Gott, hilft
D G D A Hm Em D G D/A A D
ten im kal - ten Win - ter wohl zu der___ hal - ben Nacht.
sie ein Kind ge - bo - ren und blieb doch___ rei - ne Magd.
uns aus al - lem Lei - de, ret - tet von___ Sünd' und Tod.

Begleitung:

Picking

①
②
③
④
⑥
a a a a a a
m m m m m m
i i i i i i
p p p p p
p

Strumming

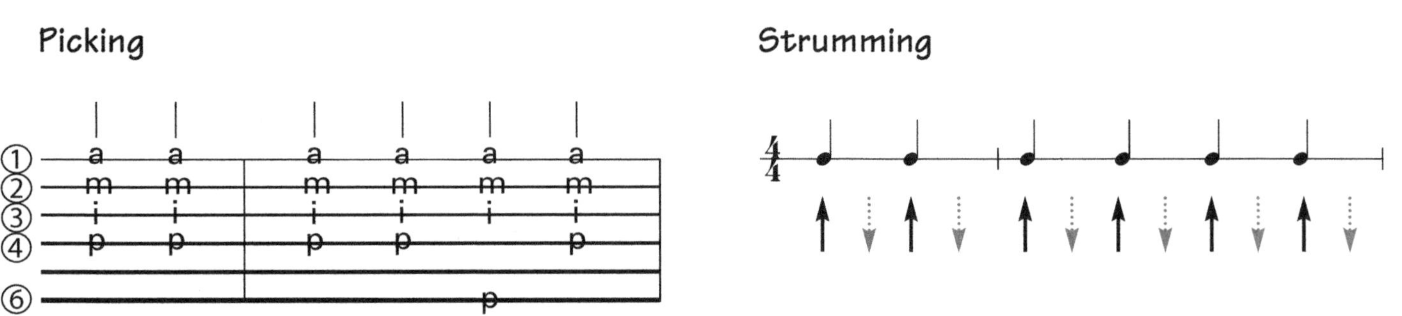

Es ist ein Ros' entsprungen

Satz: Michael Praetorius

Es wird scho glei dumpa

aus Tirol

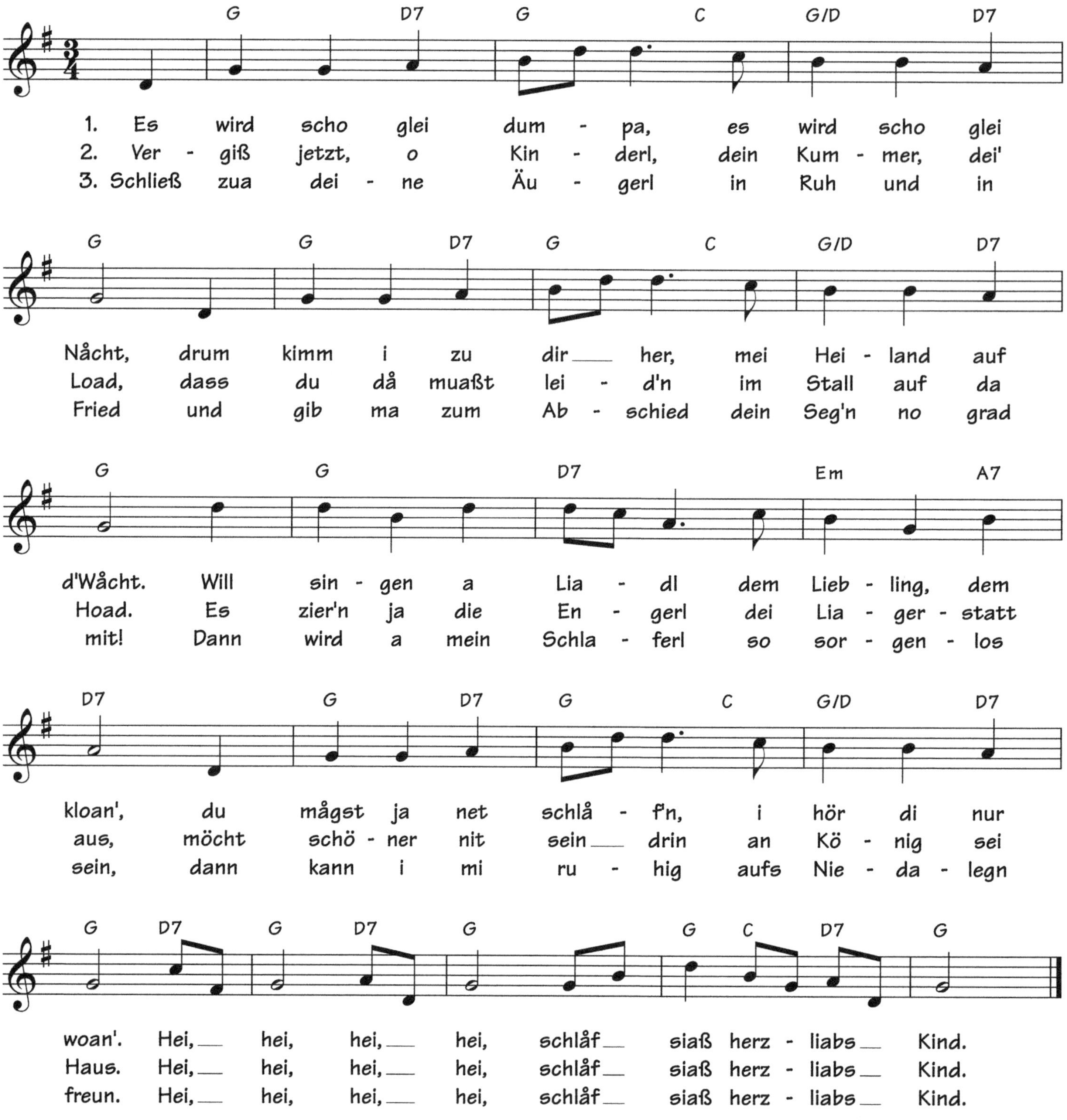

G D7 G C G/D D7
1. Es wird scho glei dum - pa, es wird scho glei
2. Ver - giß jetzt, o Kin - derl, dein Kum - mer, dei'
3. Schließ zua dei - ne Äu - gerl in Ruh und in
G G D7 G C G/D D7
Nåcht, drum kimm i zu dir her, mei Hei - land auf
Load, dass du då muaßt lei - d'n im Stall auf da
Fried und gib ma zum Ab - schied dein Seg'n no grad
G G D7 Em A7
d'Wåcht. Will sin - gen a Lia - dl dem Lieb - ling, dem
Hoad. Es zier'n ja die En - gerl dei Lia - ger - statt
mit! Dann wird a mein Schla - ferl so sor - gen - los
D7 G D7 G C G/D D7
kloan', du mågst ja net schlå - f'n, i hör di nur
aus, möcht schö - ner nit sein drin an Kö - nig sei
sein, dann kann i mi ru - hig aufs Nie - da - legn
G D7 G D7 G G C D7 G
woan'. Hei, hei, hei, hei, schlåf siaß herz - liabs Kind.
Haus. Hei, hei, hei, hei, schlåf siaß herz - liabs Kind.
freun. Hei, hei, hei, hei, schlåf siaß herz - liabs Kind.

Begleitung:

Picking

①
②
③
④
⑥
a m a m
i i i
p p

Strumming

3
4

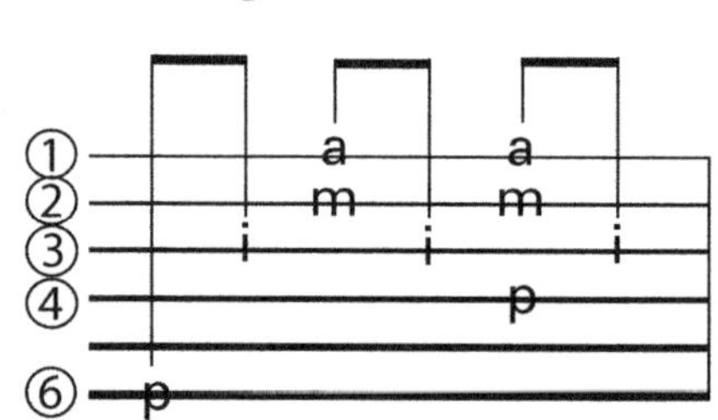

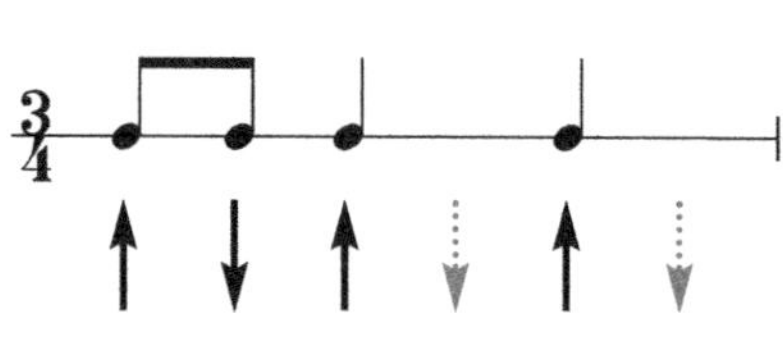

Es wird scho glei dumpa

aus Tirol

Feliz Navidad

José Feliciano

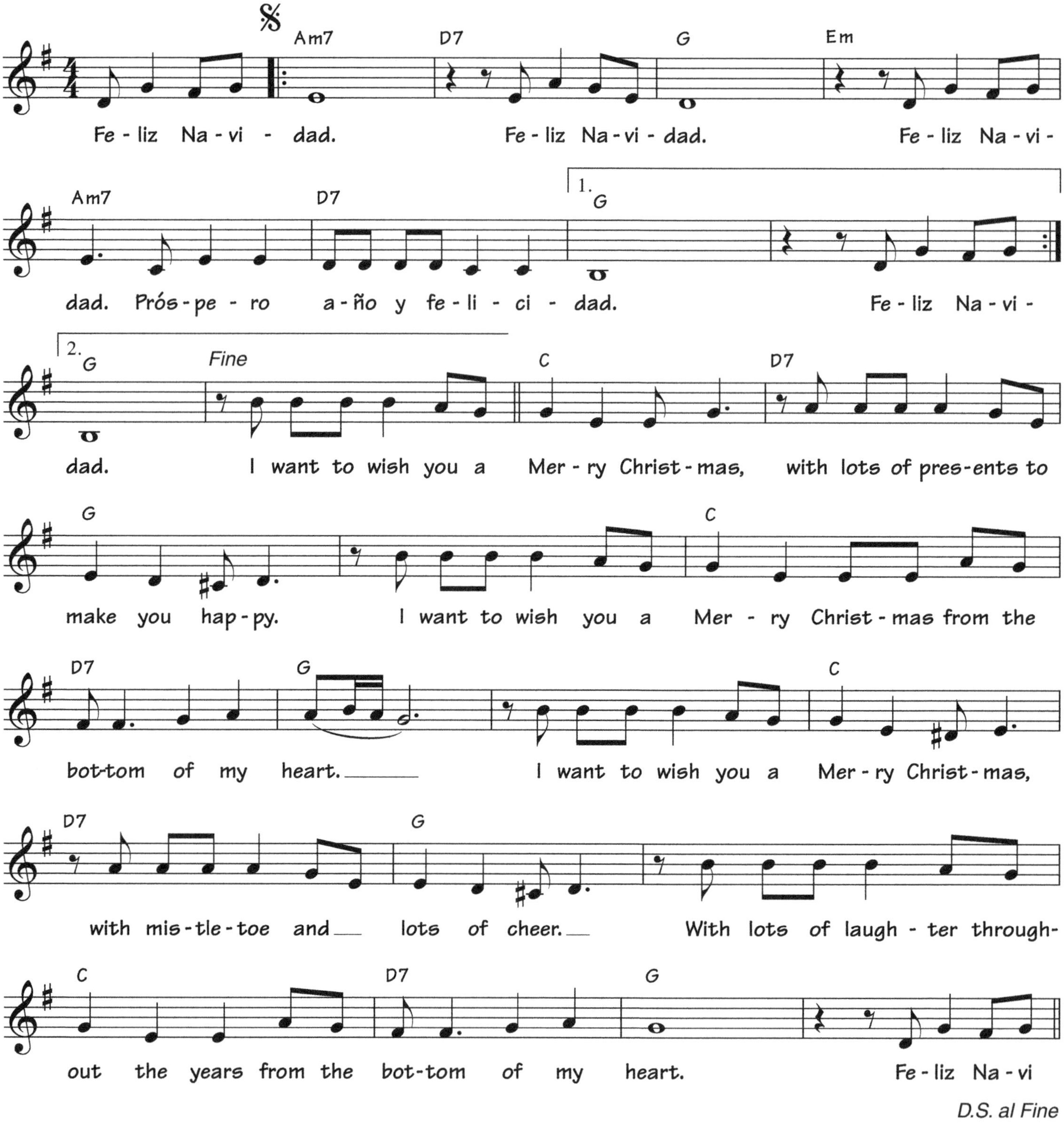

Am7 D7 G Em
Fe - liz Na - vi - dad. Fe - liz Na - vi - dad. Fe - liz Na - vi -
Am7 D7 1. G
dad. Prós - pe - ro a - ño y fe - li - ci - dad. Fe - liz Na - vi -
2. G Fine C D7
dad. I want to wish you a Mer - ry Christ - mas, with lots of pres - ents to
G C
make you hap - py. I want to wish you a Mer - ry Christ - mas from the
D7 G C
bot-tom of my heart. I want to wish you a Mer - ry Christ - mas,
D7 G
with mis - tle - toe and lots of cheer. With lots of laugh - ter through -
C D7 G
out the years from the bot - tom of my heart. Fe - liz Na - vi
D.S. al Fine

Begleitung:

Picking

①
②
③
⑤
a a a
m m m
i i i
p p

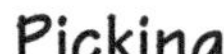

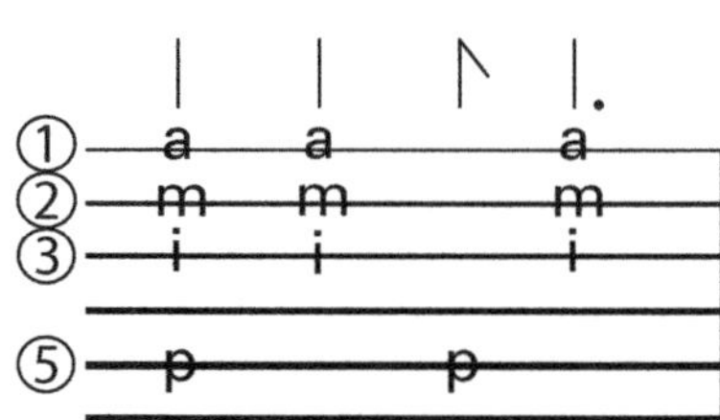

Strumming

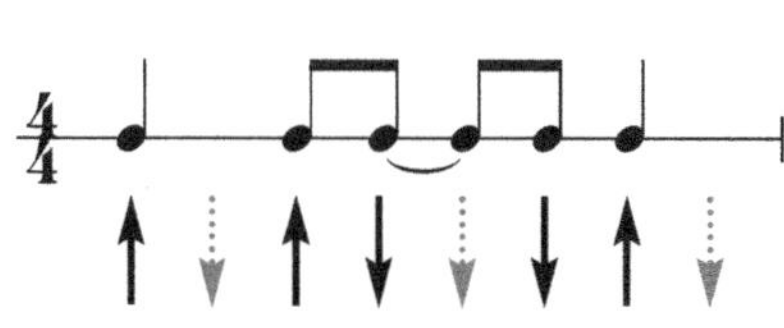

Feliz Navidad

Capo V

José Feliciano

Fröhliche Weihnacht überall

Hoffmann von Fallersleben / Volksweise

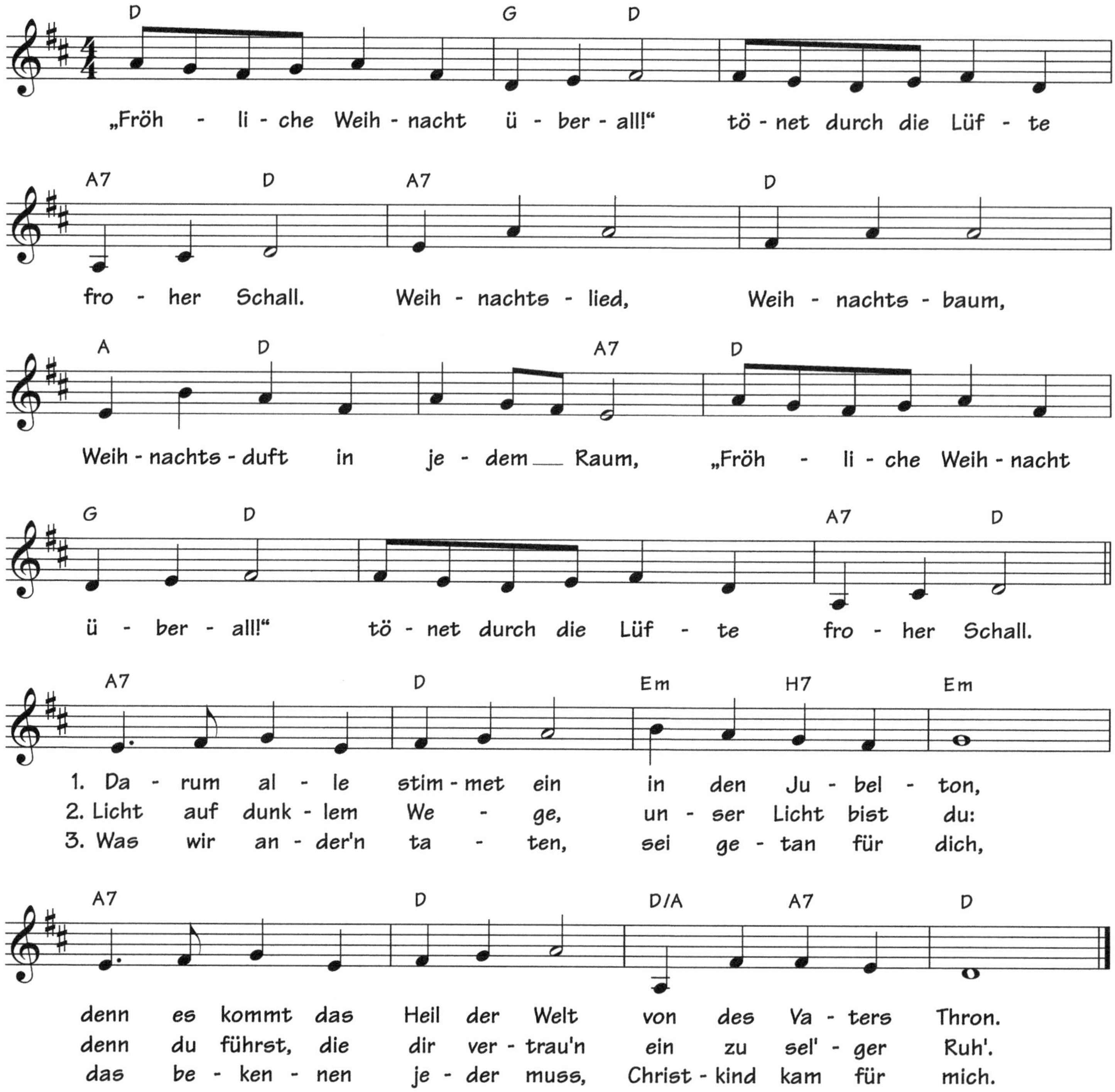

D G D
„Fröh - li - che Weih - nacht ü - ber - all!“ tö - net durch die Lüf - te
A7 D A7 D
fro - her Schall. Weih - nachts - lied, Weih - nachts - baum,
A D A7 D
Weih - nachts - duft in je - dem __ Raum, „Fröh - li - che Weih - nacht
G D A7 D
ü - ber - all!“ tö - net durch die Lüf - te fro - her Schall.
A7 D Em H7 Em
1. Da - rum al - le stim - met ein in den Ju - bel - ton,
2. Licht auf dunk - lem We - ge, un - ser Licht bist du:
3. Was wir an - der'n ta - ten, sei ge - tan für dich,
A7 D D/A A7 D
denn es kommt das Heil der Welt von des Va - ters Thron.
denn du führst, die dir ver - trau'n ein zu sel' - ger Ruh'.
das be - ken - nen je - der muss, Christ - kind kam für mich.

Begleitung:

Picking

1
2
3
4
p i m a i p i m a i

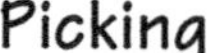

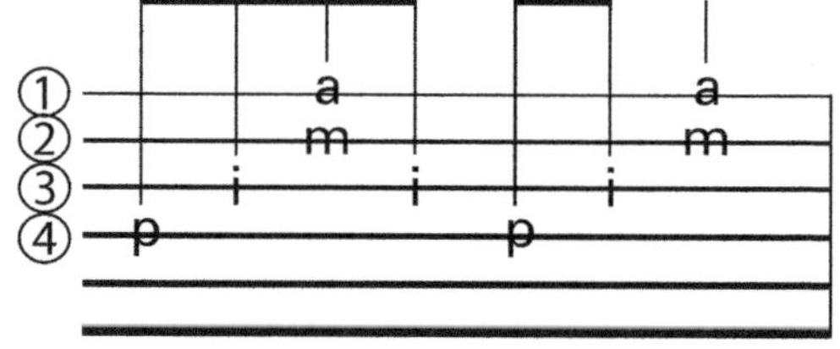

Strumming

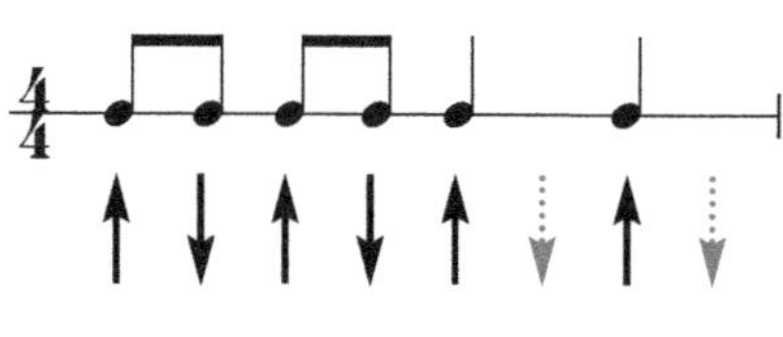

Fröhliche Weihnacht überall

Hoffmann von Fallersleben / Volksweise

Go, Tell It on the Mountain

Christmas-Spiritual / USA

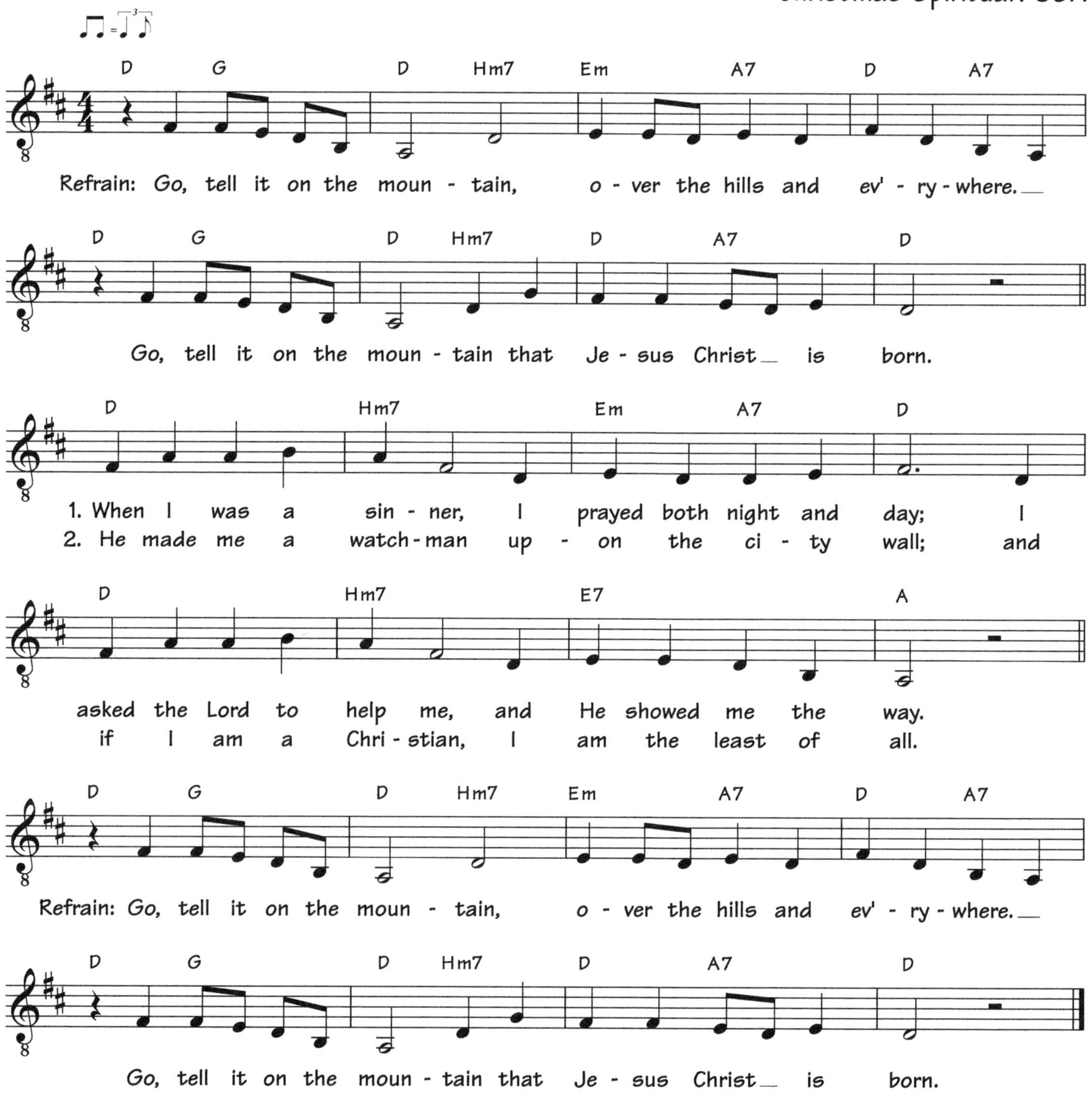

D G D Hm7 Em A7 D A7
Refrain: Go, tell it on the moun - tain, o - ver the hills and ev' - ry - where.
D G D Hm7 D A7 D
Go, tell it on the moun - tain that Je - sus Christ is born.
D Hm7 Em A7 D
1. When I was a sin - ner, I prayed both night and day; I
2. He made me a watch - man up - on the ci - ty wall; and
D Hm7 E7 A
asked the Lord to help me, and He showed me the way.
if I am a Chri - stian, I am the least of all.
D G D Hm7 Em A7 D A7
Refrain: Go, tell it on the moun - tain, o - ver the hills and ev' - ry - where.
D G D Hm7 D A7 D
Go, tell it on the moun - tain that Je - sus Christ is born.

Begleitung:

Picking

①
②
③
④
⑥
p i a m p i a m

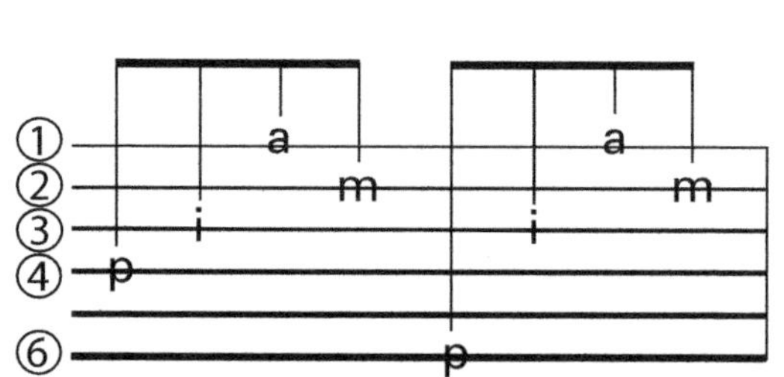

Strumming

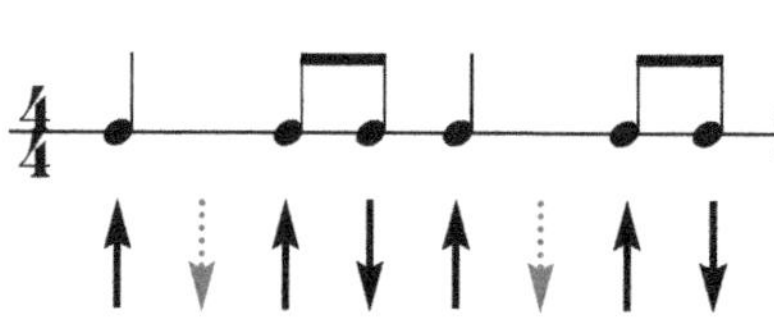

Go, Tell It on the Mountain

Happy Xmas (War Is Over)

John Lennon & Yoko Ono

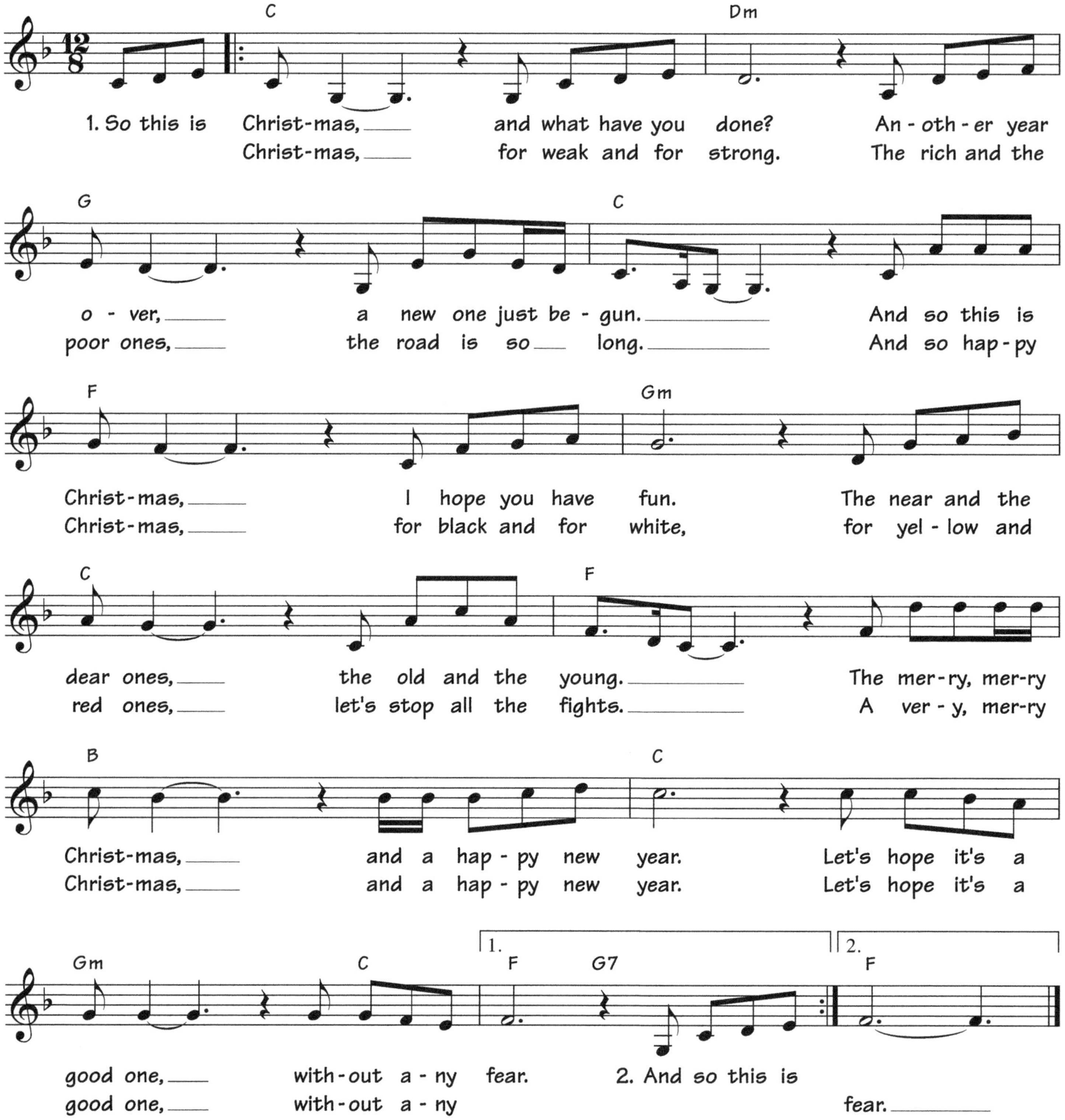

C Dm
1. So this is Christ-mas, and what have you done? An - oth - er year
Christ-mas, for weak and for strong. The rich and the
G C
o - ver, a new one just be - gun. And so this is
poor ones, the road is so long. And so hap - py
F Gm
Christ-mas, I hope you have fun. The near and the
Christ-mas, for black and for white, for yel - low and
C F
dear ones, the old and the young. The mer-ry, mer-ry
red ones, let's stop all the fights. A ver - y, mer-ry
B C
Christ-mas, and a hap - py new year. Let's hope it's a
Christ-mas, and a hap - py new year. Let's hope it's a
Gm C 1. F G7 2. F
good one, with-out a - ny fear. 2. And so this is
good one, with-out a - ny fear.

Einfachere Griffe in D-Dur mit Capo III

A	Hm	E	A
D	Em	A	D
G	A	Em / / A	D / E7 /

Begleitung:

Picking

①
②
③
⑤
p i m a m i i m a m i

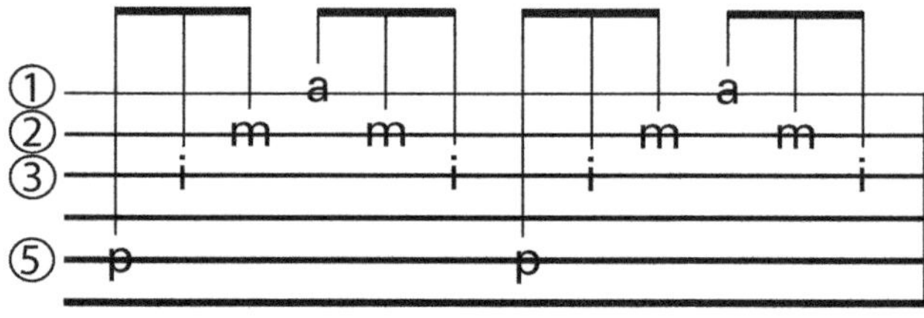

Begleitung:

Strumming

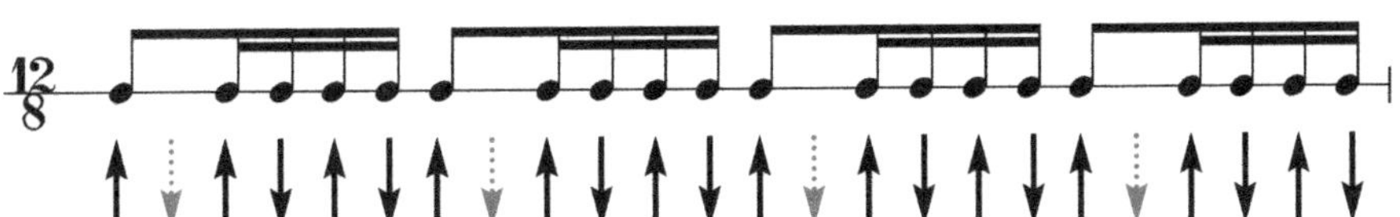

Happy Xmas (War Is Over)

Capo V

John Lennon & Yoko Ono

Der Tannenbaum

mündlich überliefert

Begleitung:

Picking

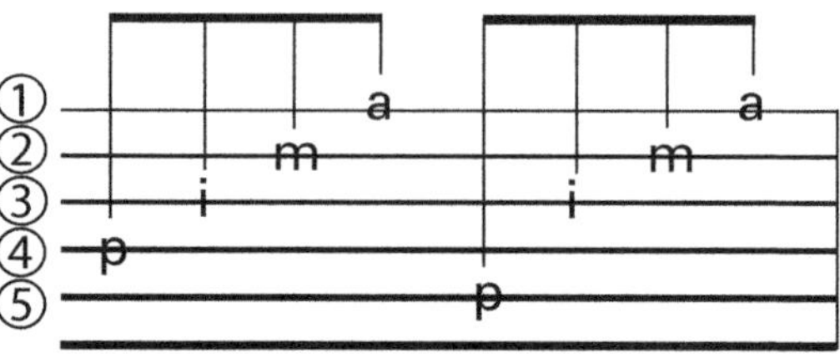

Strumming

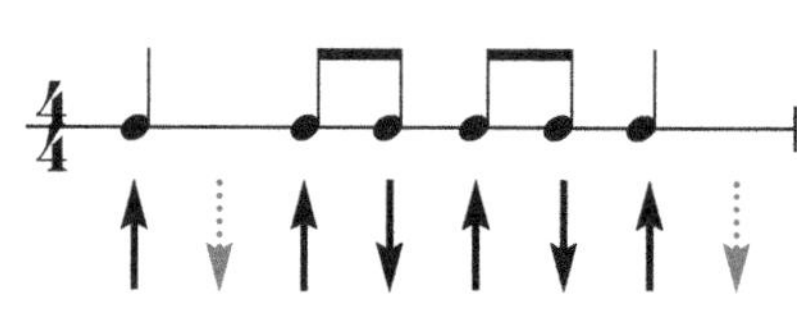

Der Tannenbaum

Hört, ihr Hirten

aus dem Burgenland

Begleitung:

Picking

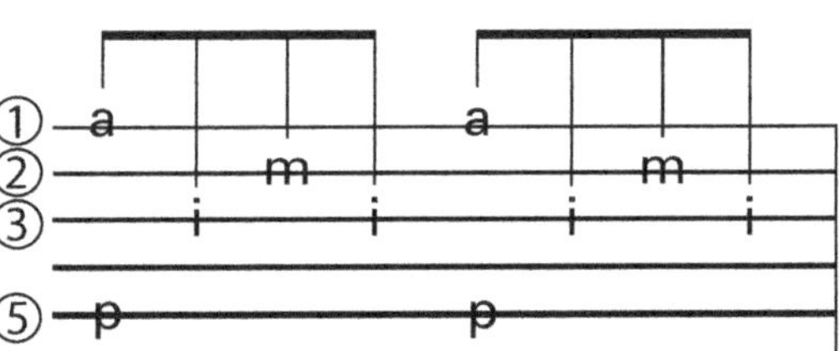

Strumming

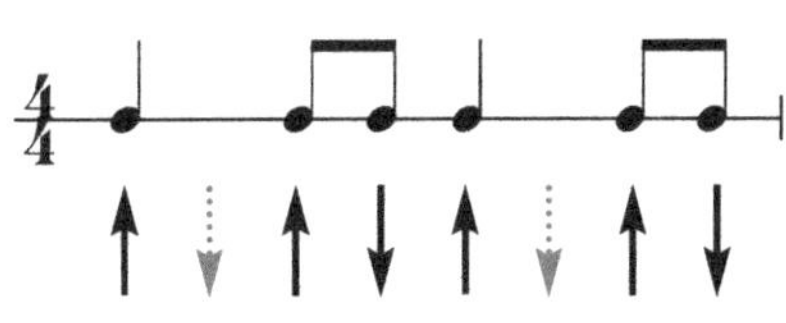

Hört, ihr Hirten

Capo III

Ihr Kinderlein kommet

Christoph von Schmid / J. A. P. Schulz

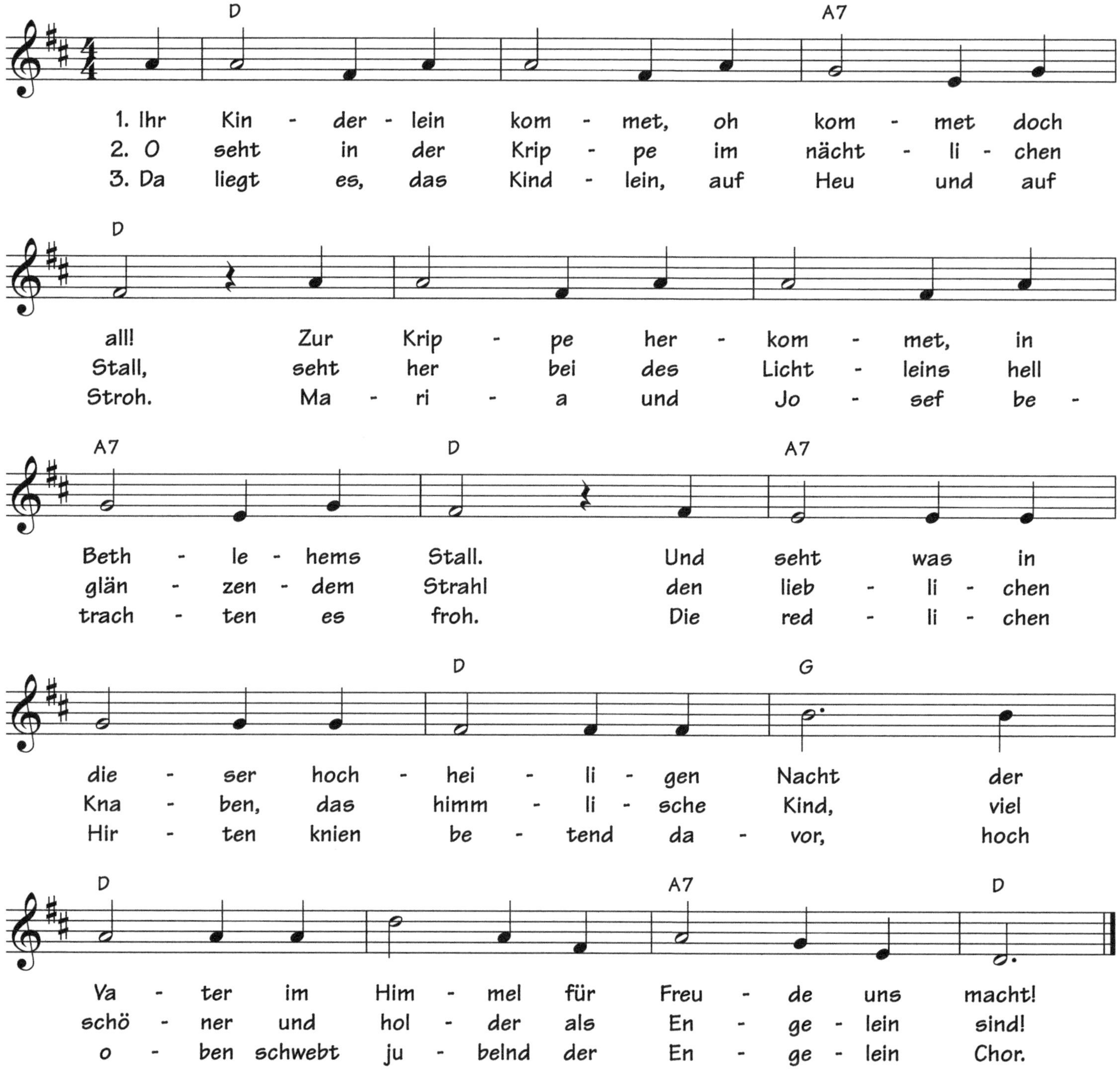

D A7

1. Ihr Kin - der - lein kom - met, oh kom - met doch
2. O seht in der Krip - pe im nächt - li - chen
3. Da liegt es, das Kind - lein, auf Heu und auf

D

all! Zur Krip - pe her - kom - met, in
Stall, seht her bei des Licht - leins hell
Stroh. Ma - ri - a und Jo - sef be -

A7 D A7

Beth - le - hems Stall. Und seht was in
glän - zen - dem Strahl den lieb - li - chen
trach - ten es froh. Die red - li - chen

D G

die - ser hoch - hei - li - gen Nacht der
Kna - ben, das himm - li - sche Kind, viel
Hir - ten knien be - tend da - vor, hoch

D A7 D

Va - ter im Him - mel für Freu - de uns macht!
schö - ner und hol - der als En - ge - lein sind!
o - ben schwebt ju - belnd der En - ge - lein Chor.

Begleitung:

Picking

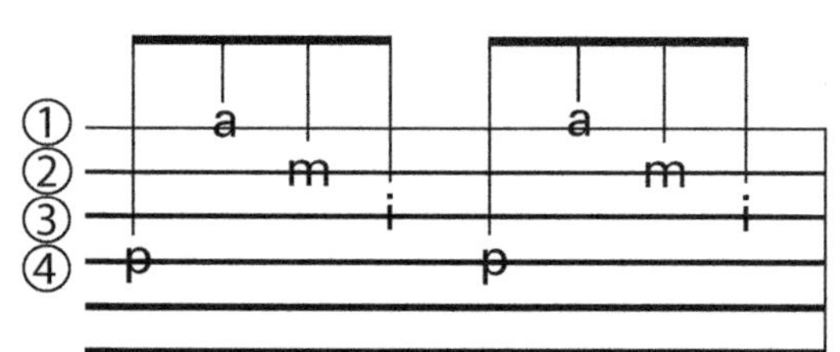

Strumming

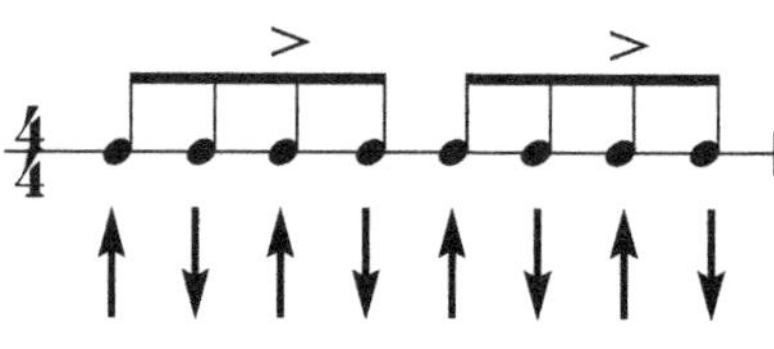

Ihr Kinderlein kommet

Capo V

Christoph von Schmid / J. A. P. Schulz

Jingle Bells

James Pierpont

Begleitung:

Picking

① a a
② m m
③ i i
⑤ p p

Strumming

Jingle Bells

James Pierpont

Fine

Kling, Glöckchen, klingelingeling

Karl Enslin / Benedikt Widmann

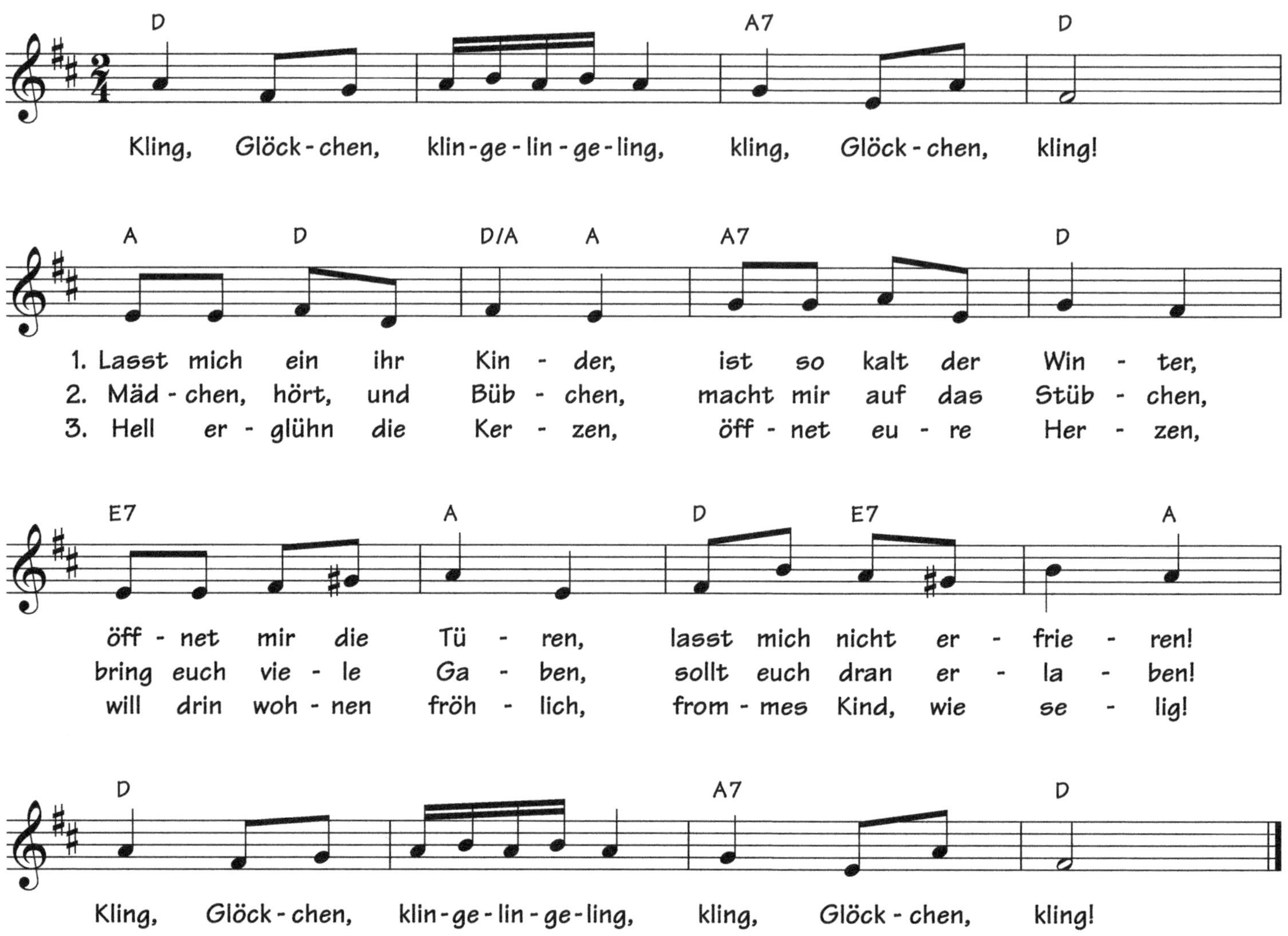

D A7 D
Kling, Glöck - chen, klin - ge - lin - ge - ling, kling, Glöck - chen, kling!
A D D/A A A7 D
1. Lasst mich ein ihr Kin - der, ist so kalt der Win - ter,
2. Mäd - chen, hört, und Büb - chen, macht mir auf das Stüb - chen,
3. Hell er - glühn die Ker - zen, öff - net eu - re Her - zen,
E7 A D E7 A
öff - net mir die Tü - ren, lasst mich nicht er - frie - ren!
bring euch vie - le Ga - ben, sollt euch dran er - la - ben!
will drin woh - nen fröh - lich, from - mes Kind, wie se - lig!
D A7 D
Kling, Glöck - chen, klin - ge - lin - ge - ling, kling, Glöck - chen, kling!

Begleitung:

Picking

①
②
③
④
a m i p

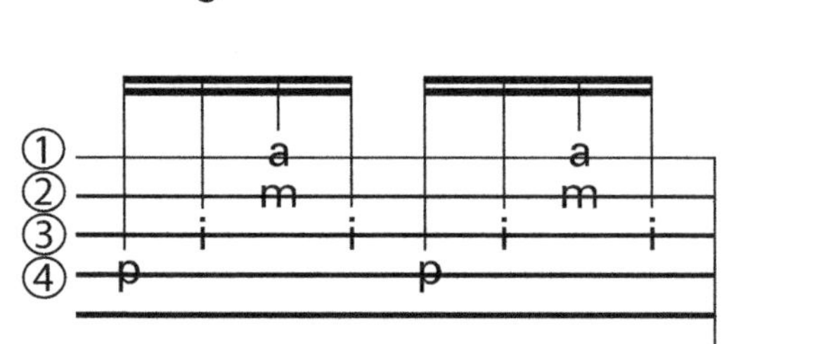

Strumming

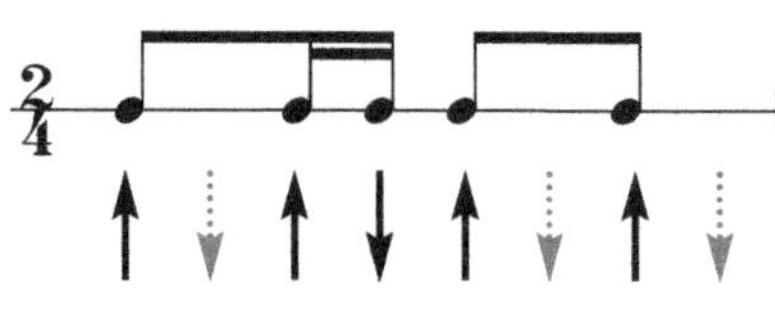

Kling, Glöckchen, klingelingeling

Capo V

Karl Enslin / Benedikt Widmann

Kommet, ihr Hirten

aus Böhmen

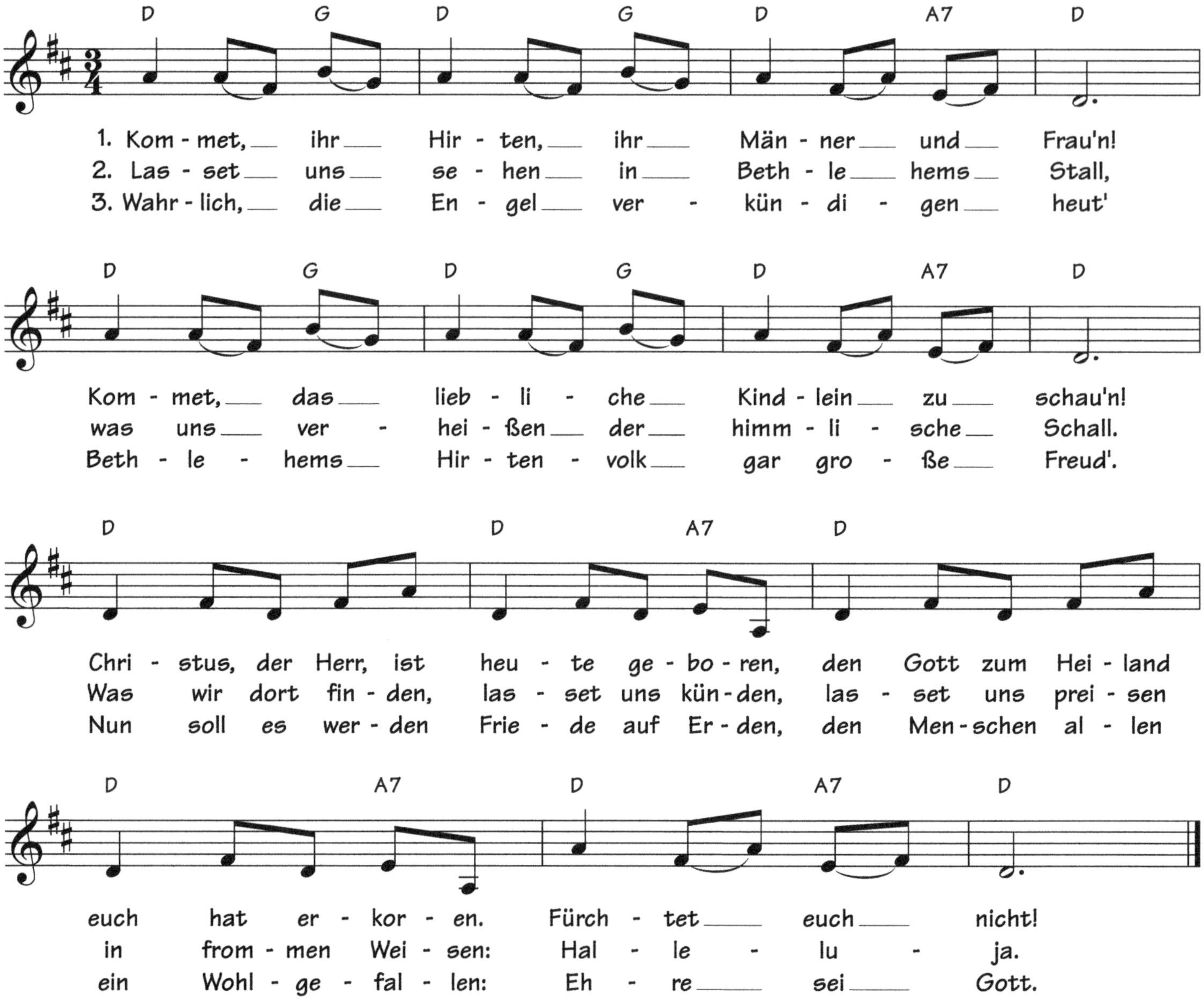

D G D G D A7 D
1. Kom - met, ihr Hir - ten, ihr Män - ner und Frau'n!
2. Las - set uns se - hen in Beth - le - hems Stall,
3. Wahr - lich, die En - gel ver - kün - di - gen heut'
D G D G D A7 D
Kom - met, das lieb - li - che Kind - lein zu schau'n!
was uns ver - hei - ßen der himm - li - sche Schall.
Beth - le - hems Hir - ten - volk gar gro - ße Freud'.
D D A7 D
Chri - stus, der Herr, ist heu - te ge - bo - ren, den Gott zum Hei - land
Was wir dort fin - den, las - set uns kün - den, las - set uns prei - sen
Nun soll es wer - den Frie - de auf Er - den, den Men - schen al - len
D A7 D A7 D
euch hat er - kor - en. Fürch - tet euch nicht!
in from - men Wei - sen: Hal - le - lu - ja.
ein Wohl - ge - fal - len: Eh - re sei Gott.

Begleitung:

Picking

①
②
③
④
⑥
p
i
a
m
i
a
m
i
p

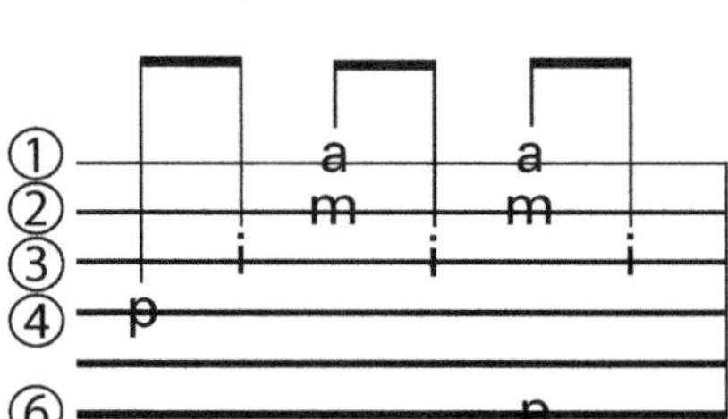

Strumming

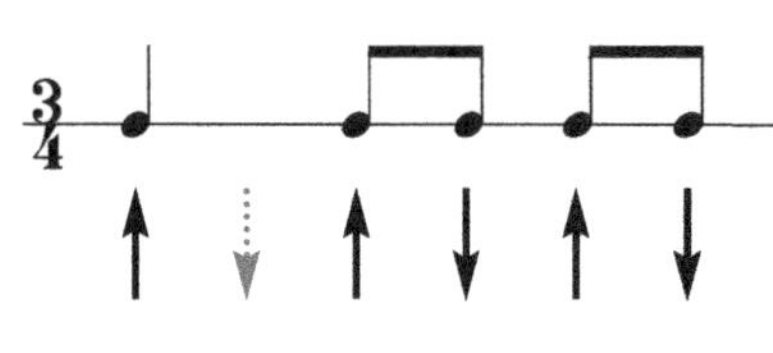

Kommet, ihr Hirten

Capo V

aus Böhmen

Lasst uns froh und munter sein

aus dem Hunsrück

Begleitung:

Picking

Strumming

Last Christmas

George Michael

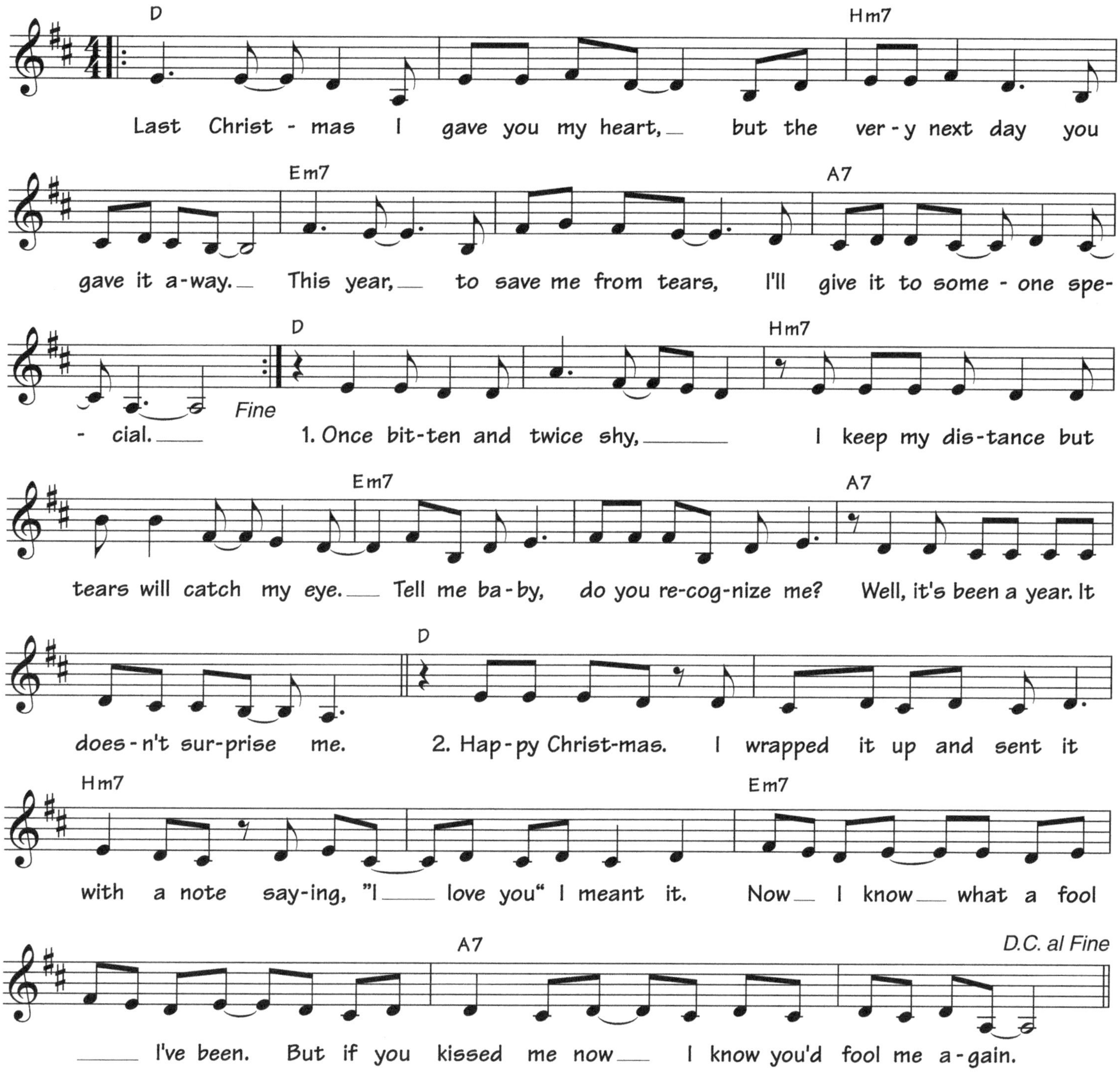

D
Hm7
Last Christ - mas I gave you my heart, but the ver - y next day you
Em7
A7
gave it a-way. This year, to save me from tears, I'll give it to some - one spe-
D
Hm7
- cial.
Fine
1. Once bit-ten and twice shy, I keep my dis-tance but
Em7
A7
tears will catch my eye. Tell me ba-by, do you re-cog-nize me? Well, it's been a year. It
D
does-n't sur-prise me. 2. Hap-py Christ-mas. I wrapped it up and sent it
Hm7
Em7
with a note say-ing, "I love you" I meant it. Now I know what a fool
A7
D.C. al Fine
I've been. But if you kissed me now I know you'd fool me a-gain.

3. Crowded room – runs with tired eyes
and hiding from you and your solemn eyes.
My God! I thought you were someone to rely on
me – I guess I was a shoulder to cry on.

4. But a face on a lover with a fire in his heart,
a man undercover but you tore me apart.
Ooh! Ooh! Now I ve found a real love.
You ll never fool me again.
Last Christmas... (2x)

Begleitung:

Picking

①
②
③
⑥
a
m
i
p
a
m
i
p

Strumming

4/4

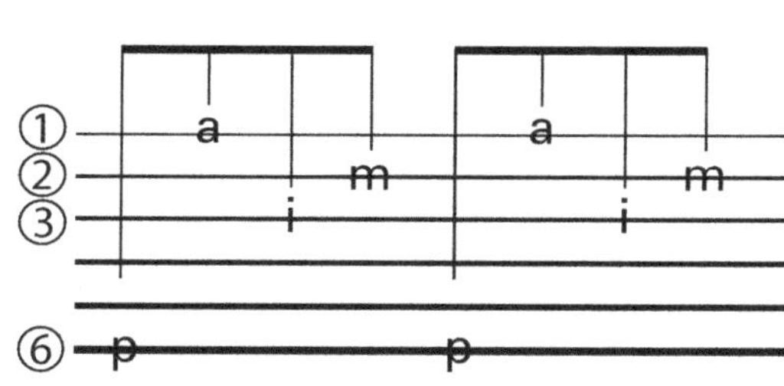

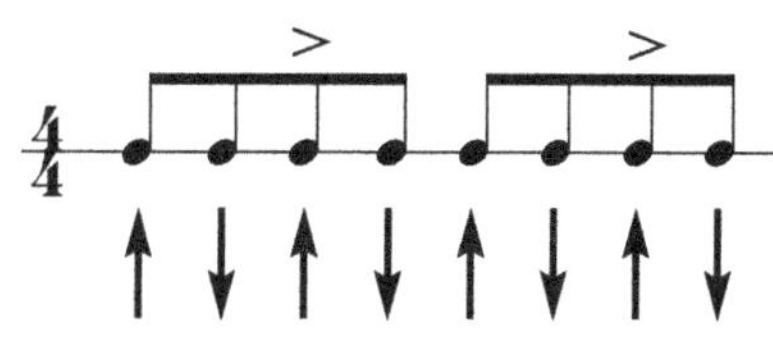

Last Christmas

Capo II

George Michael

Coda
D.C. al Coda

Leise rieselt der Schnee

Begleitung:

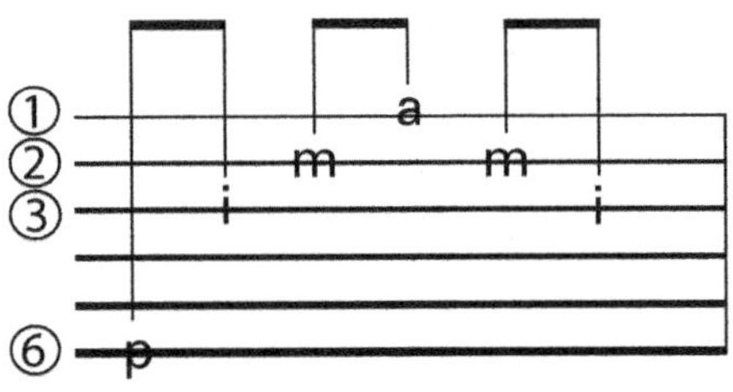

Strumming

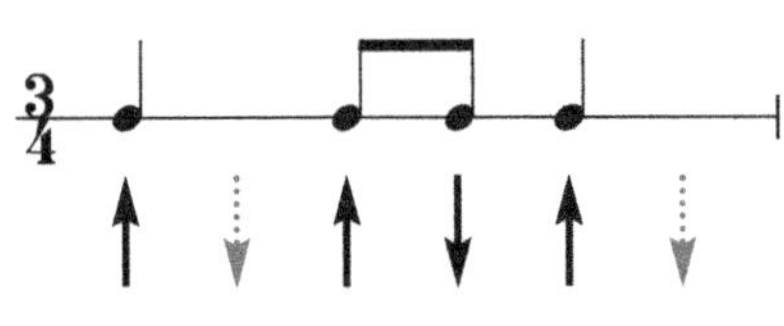

Leise rieselt der Schnee

Capo V

Eduard Ebel

Maria durch ein Dornwald ging

aus dem Eichsfeld

Begleitung:

Picking

① a
② m m
③ i i i i
⑥ p (p)

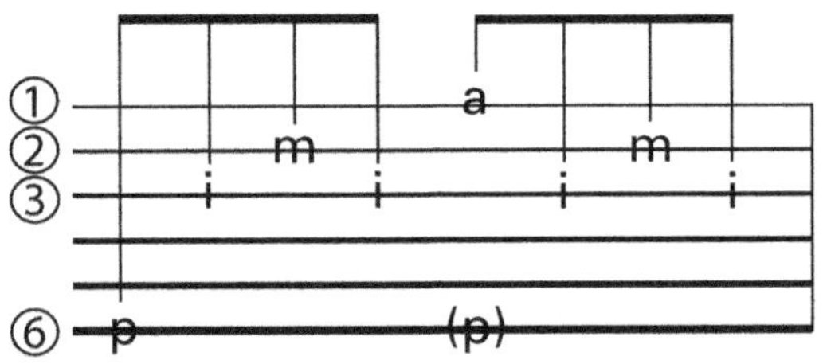

Strumming

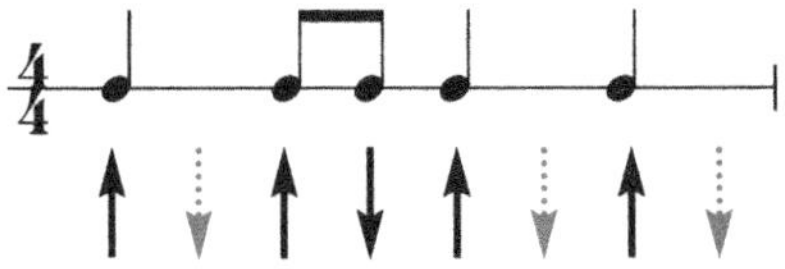

Maria durch ein Dornwald ging

Capo VII

Morgen kommt der Weihnachtsmann

Hoffmann von Fallersleben / Franz. Melodie

Begleitung:

Picking

Strumming

Mary's Boy Child

Jester Hairston

2. While shepherds watched their flocks by night,
   them see a bright new shining star.
   Them hear a choir sing,
   the music seemed to come from far.
   Hark, now hear...

3. Now Joseph and his wife, Mary,
   come to Bethlehem that night.
   Them find no place to born the child,
   not a single room was in sight.
   Hark, now hear...

Begleitung:

Picking

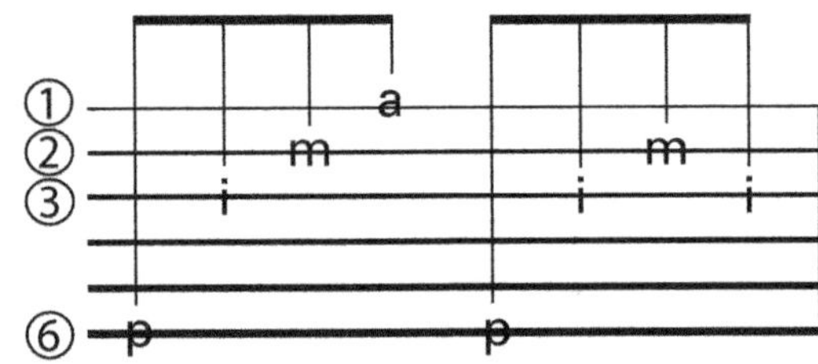

Strumming

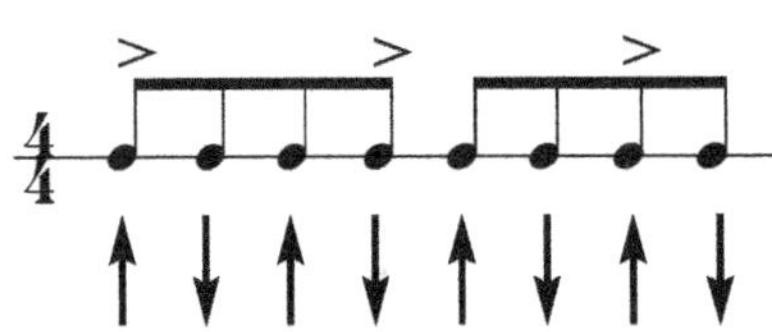

Mary's Boy Child

Capo V

Jester Hairston

O du fröhliche

Sizilianische Volksweise

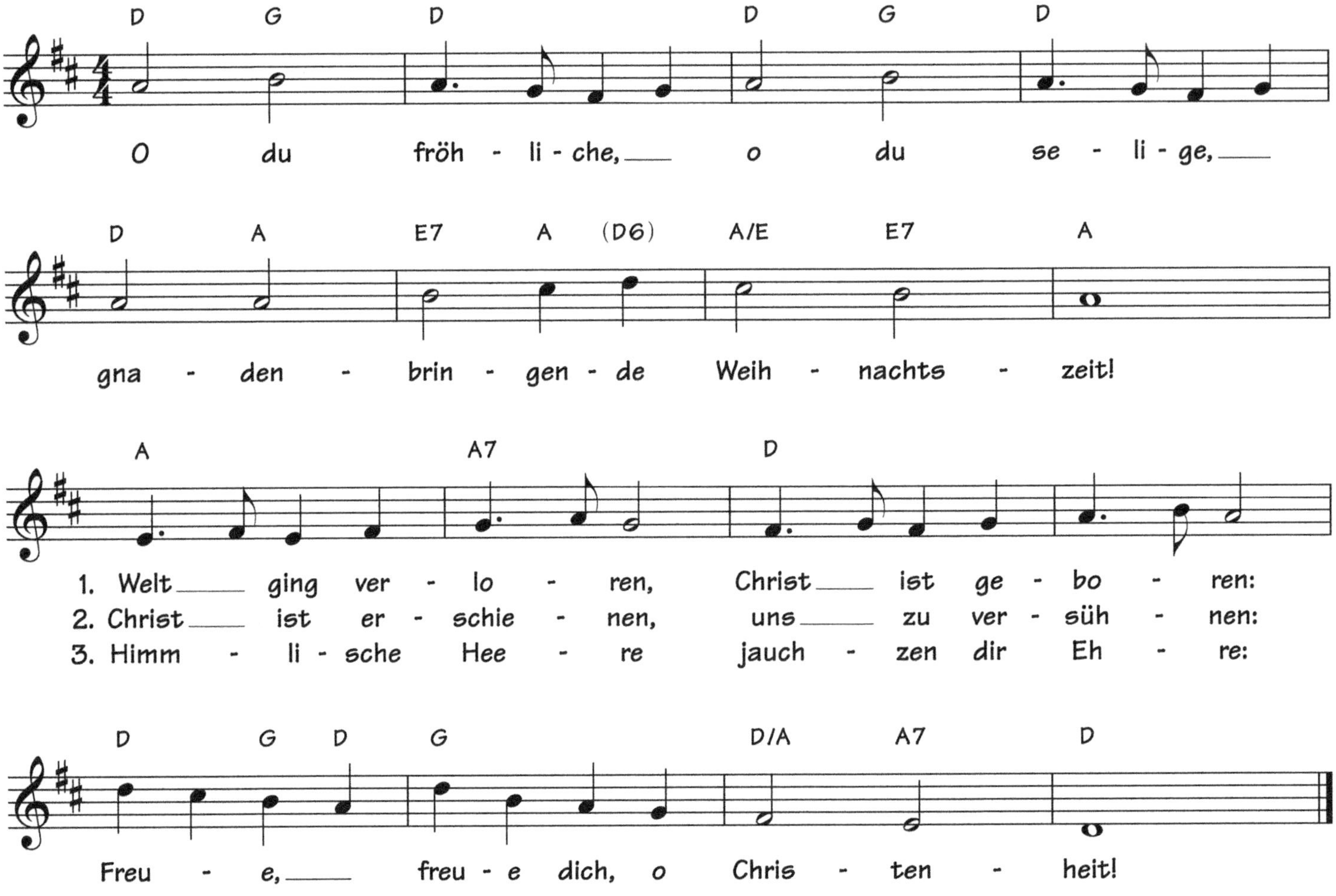

D G D D G D
O du fröh - li - che, o du se - li - ge,
D A E7 A (D6) A/E E7 A
gna - den - brin - gen - de Weih - nachts - zeit!
A A7 D
1. Welt ging ver - lo - ren, Christ ist ge - bo - ren:
2. Christ ist er - schie - nen, uns zu ver - süh - nen:
3. Himm - li - sche Hee - re jauch - zen dir Eh - re:
D G D G D/A A7 D
Freu - e, freu - e dich, o Chris - ten - heit!

Begleitung:

Picking

a
m
i
p
a
m
i
p

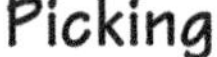

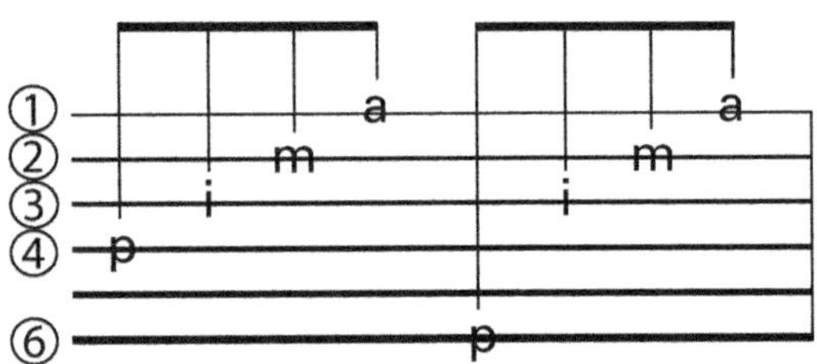

Strumming

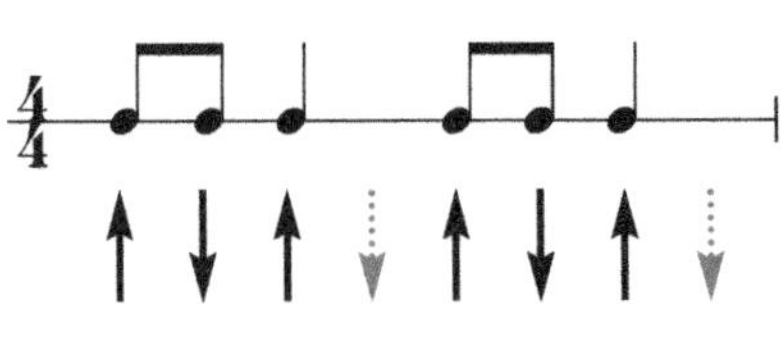

O du fröhliche

Capo V

Sizilianische Volksweise

Rudolph, the Rednosed Reindeer

Johnny Marks

C Ru-dolph the red-nosed rein-deer had a ver-y shin-y G7 nose,
G7 and if you ev-er saw it, you would e-ven say it C glows.
C All of the oth-er rein-deer used to laugh and call him G7 names.
G7 They nev-er let poor Ru-dolph join in a-ny rein-deer C games.
F Then one fog-gy C Christ-mas Eve, Dm7 San-ta G7 came to C say.
G "Ru-dolph with your E7 nose so bright, Am7 won't you D7 guide my G sleigh G7 to-night?"
C Then how the rein-deer loved him, as they shout-ed out with G7 glee:
G7 "Ru-dolph the red-nosed rein-deer, you'll go down in his-to-C ry!"

Begleitung:

Picking

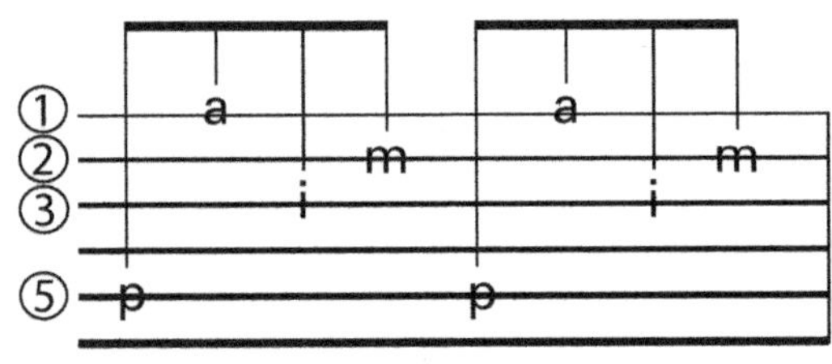

Strumming

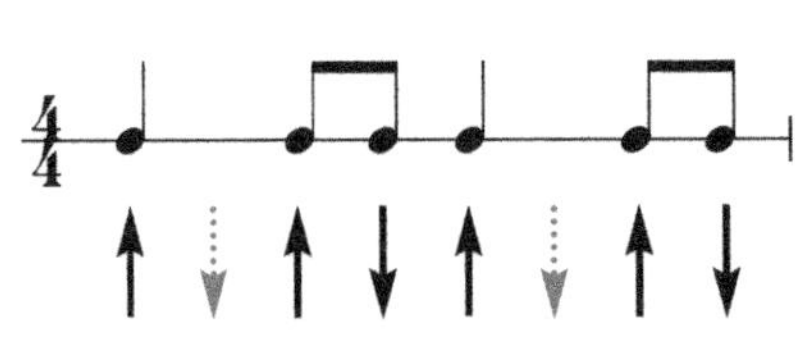

Rudolph, the Rednosed Reindeer

Capo V

Johnny Marks

O Tannenbaum

A. Zarnack & E. Anschütz / Volksweise

Begleitung:

Picking

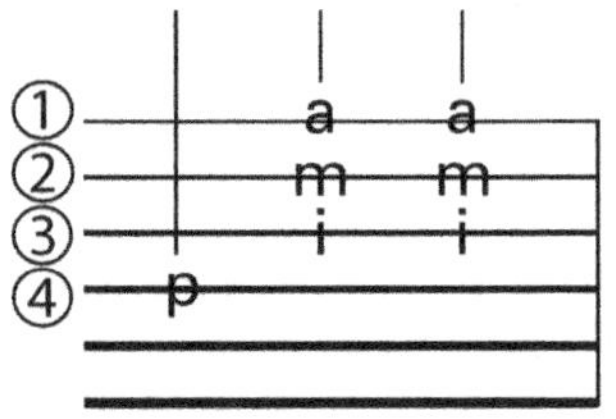

① a a
② m m
③ i i
④ p

Strumming

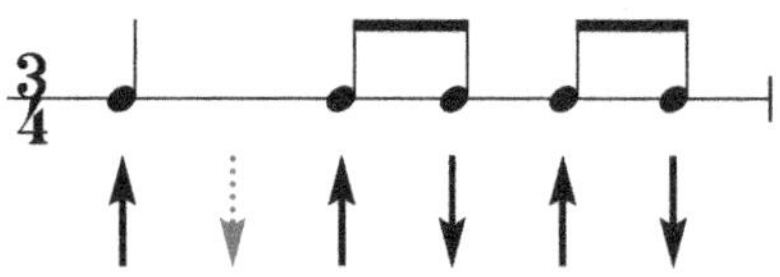

3/4

O Tannenbaum

Capo V

Schneeflöckchen, Weißröckchen

Volksweise

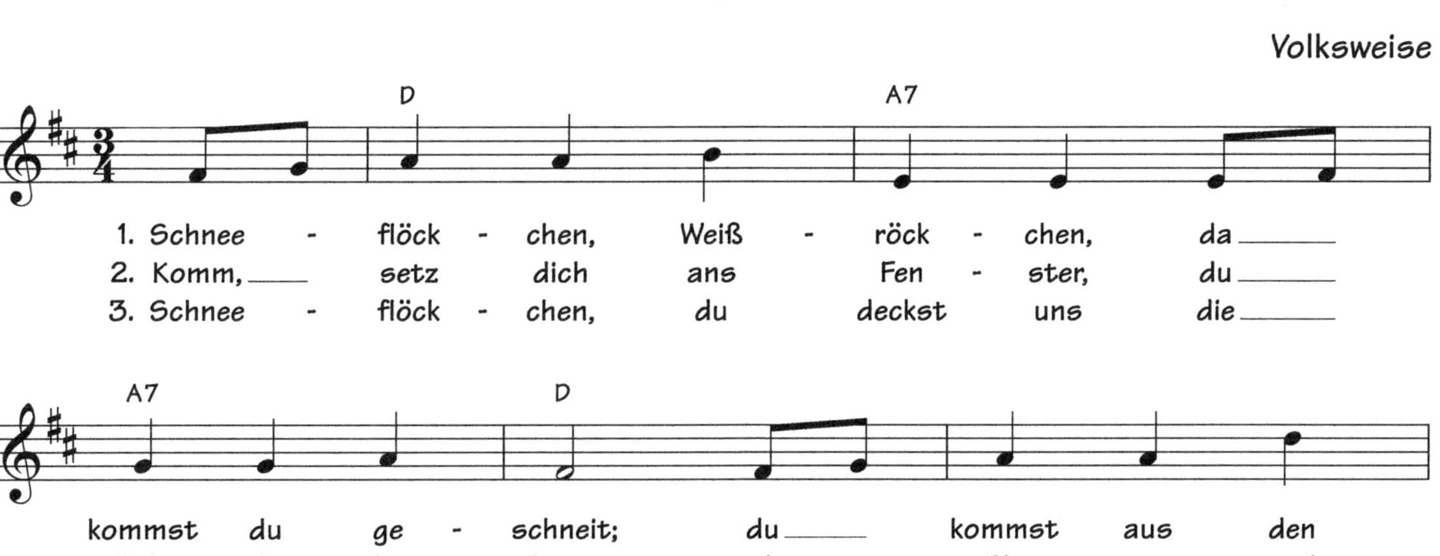

Begleitung:

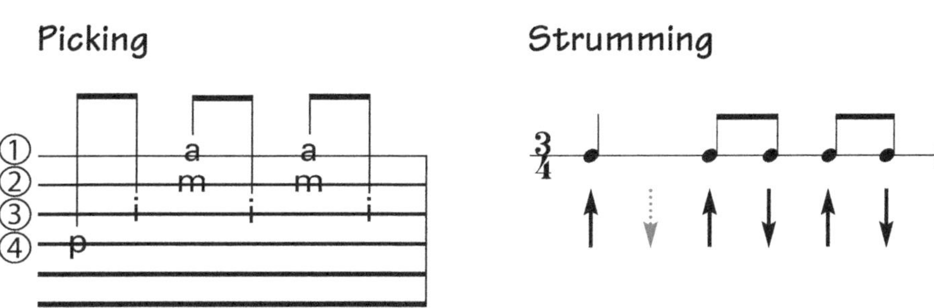

Schneeflöckchen, Weißröckchen

Capo V

Still, still, still

aus Salzburg

Begleitung:

Picking

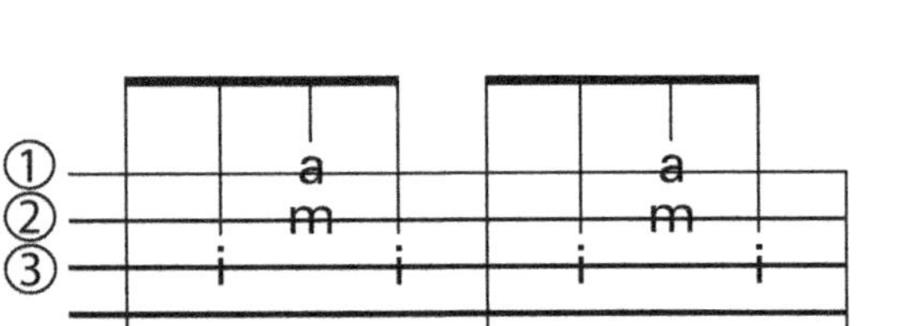

Strumming

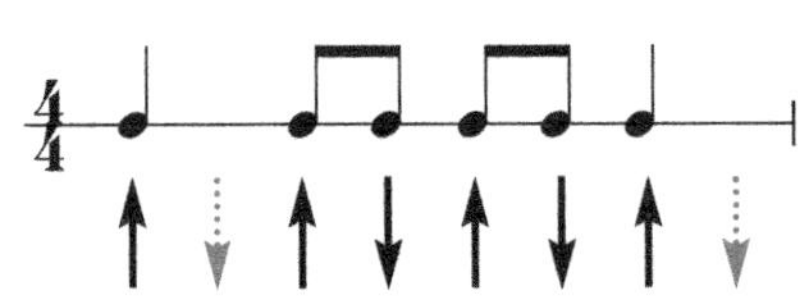

Still, still, still

Capo III

Stille Nacht, heilige Nacht

Joseph Gruber / Franz Mohr

Stille Nacht, heilige Nacht

Joseph Gruber / Franz Mohr

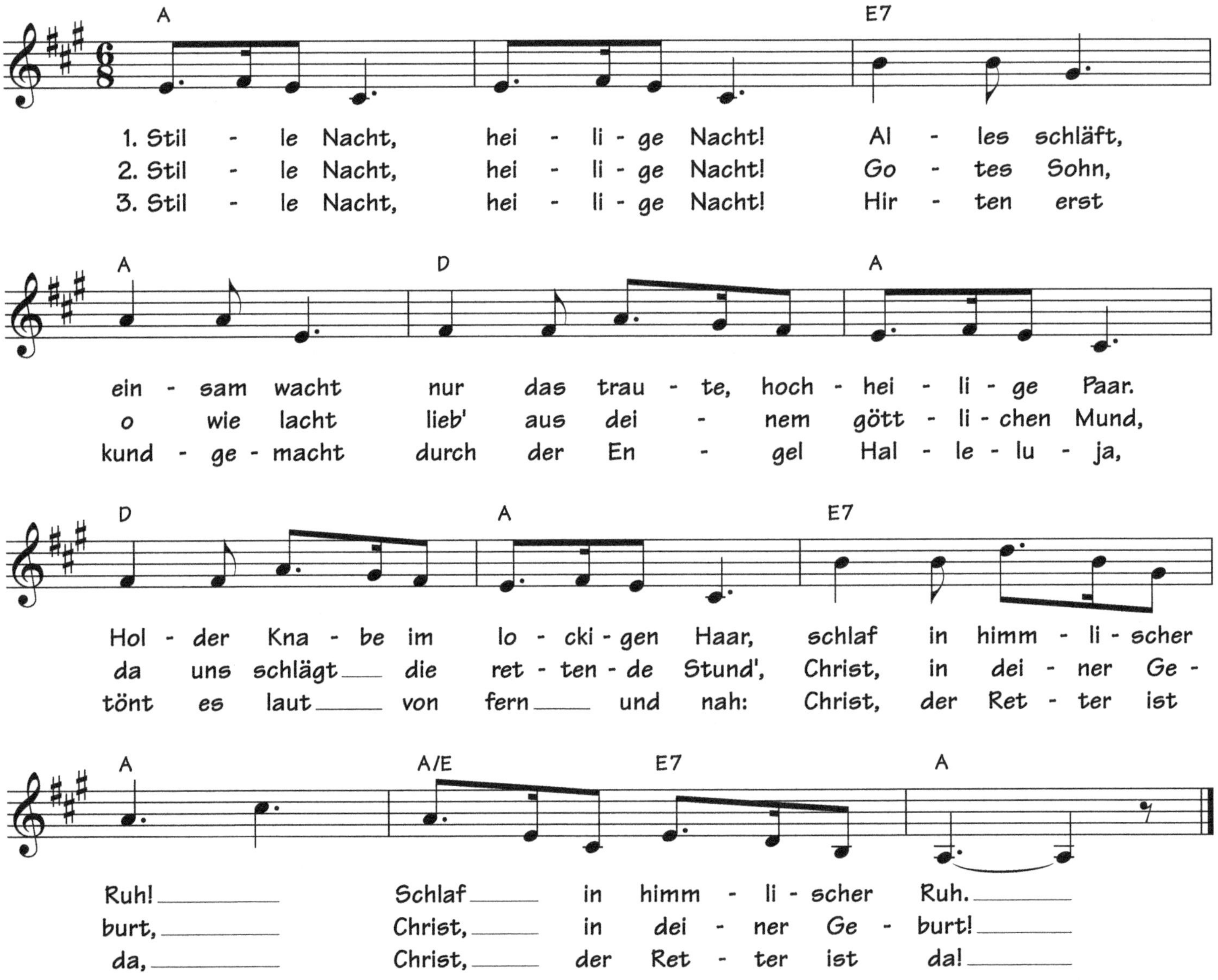

A E7
1. Stil - le Nacht, hei - li - ge Nacht! Al - les schläft,
2. Stil - le Nacht, hei - li - ge Nacht! Go - tes Sohn,
3. Stil - le Nacht, hei - li - ge Nacht! Hir - ten erst
A D A
ein - sam wacht nur das trau - te, hoch - hei - li - ge Paar.
o wie lacht lieb' aus dei - nem gött - li - chen Mund,
kund - ge - macht durch der En - gel Hal - le - lu - ja,
D A E7
Hol - der Kna - be im lo - cki - gen Haar, schlaf in himm - li - scher
da uns schlägt die ret - ten - de Stund', Christ, in dei - ner Ge -
tönt es laut von fern und nah: Christ, der Ret - ter ist
A A/E E7 A
Ruh! Schlaf in himm - li - scher Ruh.
burt, Christ, in dei - ner Ge - burt!
da, Christ, der Ret - ter ist da!

Begleitung:

Picking

①
②
③
⑤
a m m i i p
a m m i i p

Strumming

6/8

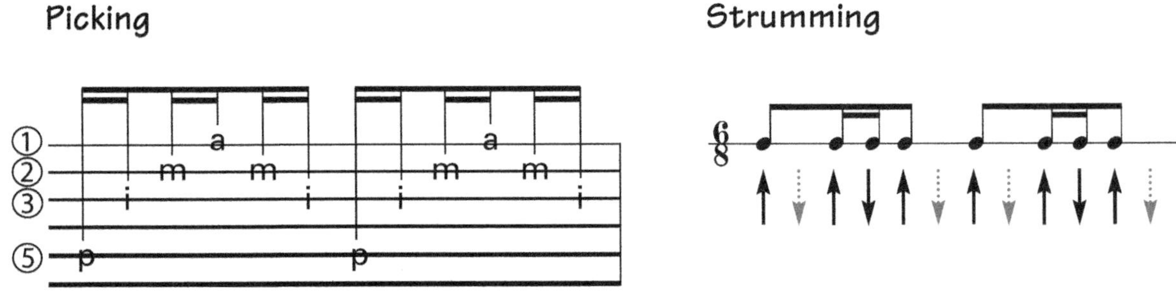

Stille Nacht, heilige Nacht

Joseph Gruber / Franz Mohr

IV

VII

II

Für die Duoversion sollte die A-Dur Fassung verwendet werden.

Süßer die Glocken nie klingen

Fr. W. Kritzinger / Volksweise

D A7

1. Sü - ßer die Glo - cken nie klin - gen, als zu der Weih - nachts-
2. O, wenn die Glo - cken er - klin - gen, schnell sie das Christ - kind - lein
3. Klin - get mit lieb - lich - em Schal - le ü - ber die Mee - re

D D7 G

zeit, s'ist als ob En - ge - lein sin - gen
hört, tut sich vom Him - mel dann schwin - gen,
weit, dass sich er - freu - en doch al - le

D/A A7 D A7 D

wie - der von Frie - den und Freud. Wie sie ge - sun - gen in
ei - let her - nie - der zur Erd'. Seg - net den Va - ter, die
se - li - ger Weih - nachts - zeit. Al - le auf - jauch - zen mit

A7 D A7 D A7 D

se - li - ger Nacht, wie sie ge - sun - gen in se - li - ger Nacht.
Mut - ter, das Kind, seg - net den Va - ter, die Mut - ter, das Kind.
ei - nem Ge - sang, al - le auf - jauch - zen mit ei - nem Ge - sang.

D D7 G D/A A7 D

Glo - cken mit hei - li - gem Klang, klin - get die Er - de ent - lang!

Begleitung:

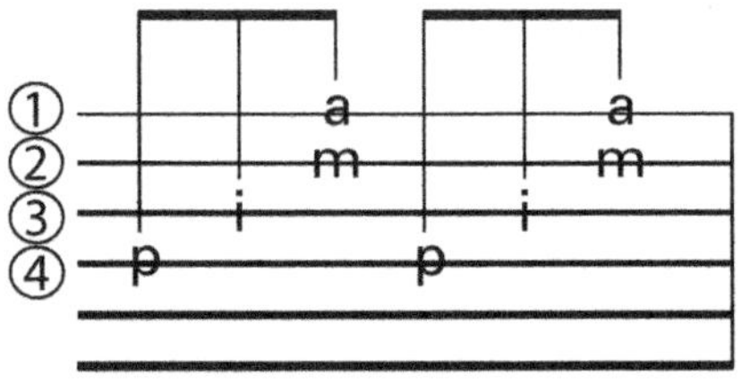

Strumming

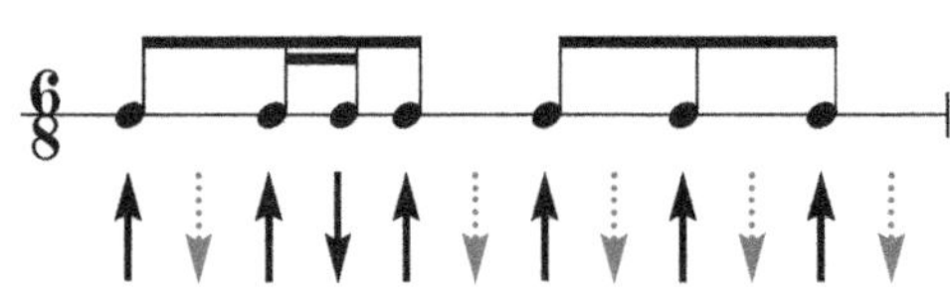

Süßer die Glocken nie klingen

Capo V

Fr. W. Kritzinger / Volksweise

The Virgin Mary Had a Baby Boy

aus Trinidad

D A7

1. The Vir - gin Ma - ry had a ba - by boy.__ The Vir - gin Ma - ry had a
2. The An - gels sang__ when the ba - by born. The An - gels sang__ when the
3. The wise men went__ where the ba - by born. The wise men went__ where the

D D7 G

ba - by boy.__ The Vir - gin Ma - ry had a ba - by boy__ and they
ba - by born.__ The An - gels sang__ when the ba - by born__ and pro -
ba - by born.__ The wise men went__ where the ba - by born__ and they

D 3 A7 D G A7

say that His name was Je - sus. He come__ from the glo - ry,
claim him the Sa - viour Je - sus.
say that his name was Je - sus.

D G A7 D G A7

He come__ from the glo - ri - ous king - dom.__ He come from the glo - ry,

D G A7 D G D G

He come__ from the glo - ri - ous king - dom.__ Oh yes Be - lie - ver,__ oh

D G A7 D G A7 D

yes Be - lie - ver,__ He come from the glo - ry, He come from the glo - ri - ous king - dom.

Begleitung:

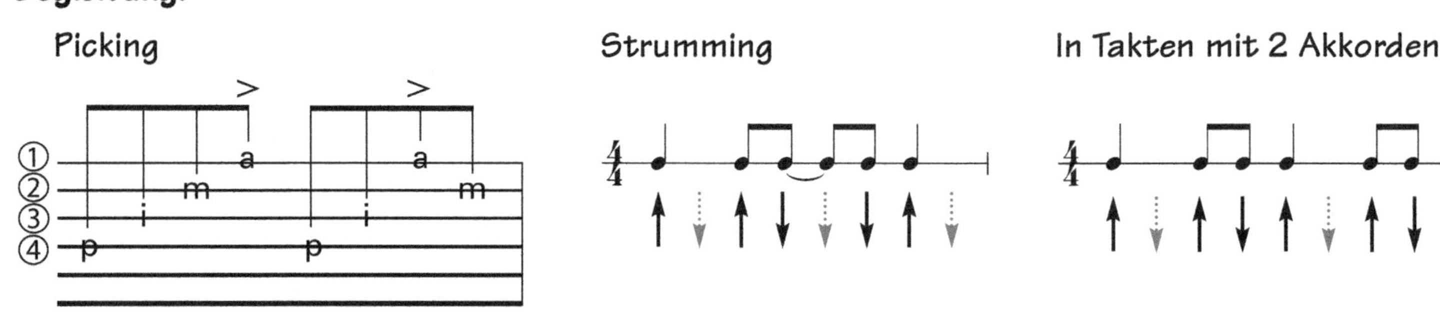

The Virgin Mary Had a Baby Boy

Capo V

aus Trinidad

Was soll das bedeuten?

aus Schlesien

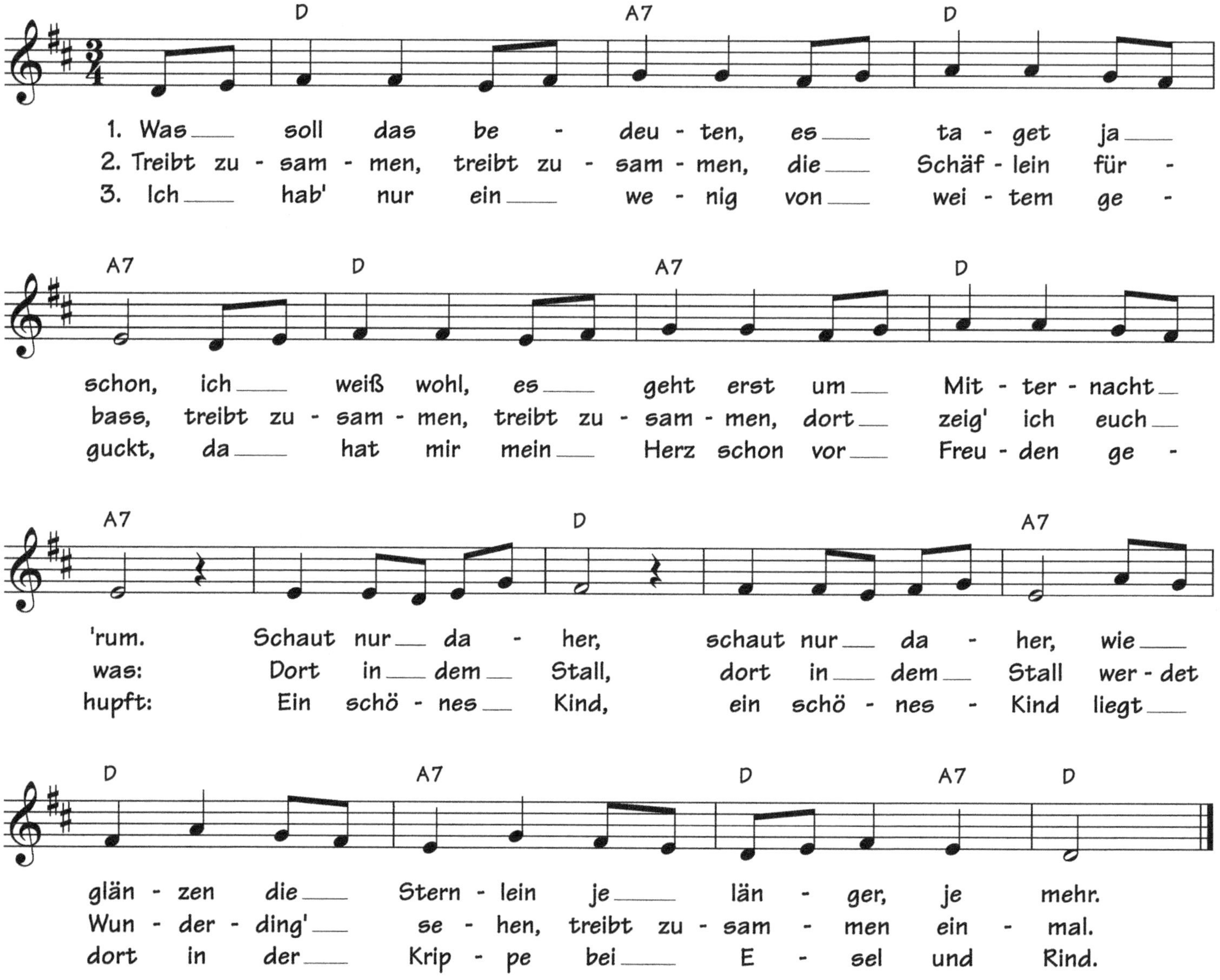

D A7 D
1. Was soll das be - deu - ten, es ta - get ja
2. Treibt zu - sam - men, treibt zu - sam - men, die Schäf - lein für -
3. Ich hab' nur ein we - nig von wei - tem ge -
A7 D A7 D
schon, ich weiß wohl, es geht erst um Mit - ter - nacht
bass, treibt zu - sam - men, treibt zu - sam - men, dort zeig' ich euch
guckt, da hat mir mein Herz schon vor Freu - den ge -
A7 D A7
'rum. Schaut nur da - her, schaut nur da - her, wie
was: Dort in dem Stall, dort in dem Stall wer - det
hupft: Ein schö - nes Kind, ein schö - nes - Kind liegt
D A7 D A7 D
glän - zen die Stern - lein je län - ger, je mehr.
Wun - der - ding' se - hen, treibt zu - sam - men ein - mal.
dort in der Krip - pe bei E - sel und Rind.

Begleitung:

Picking

①
②
③
④
a
m
i
i
i
p

Strumming

3/4

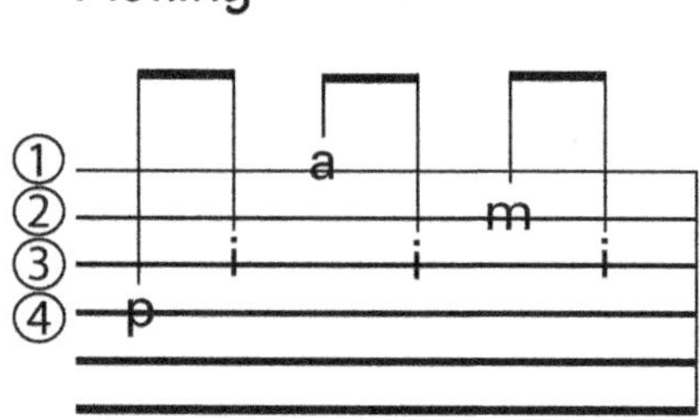

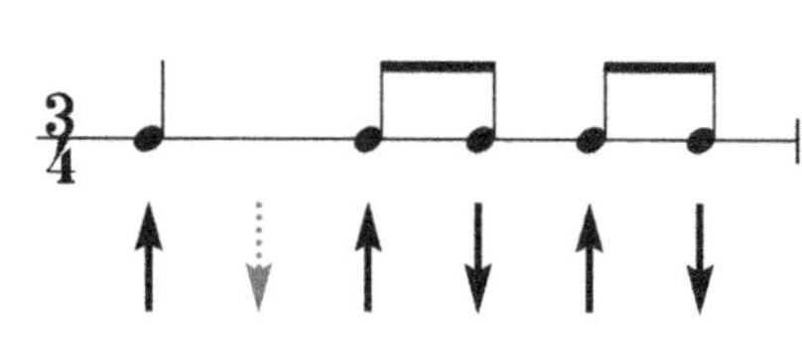

Was soll das bedeuten?

aus Schlesien

We Wish You a Merry Christmas

aus England

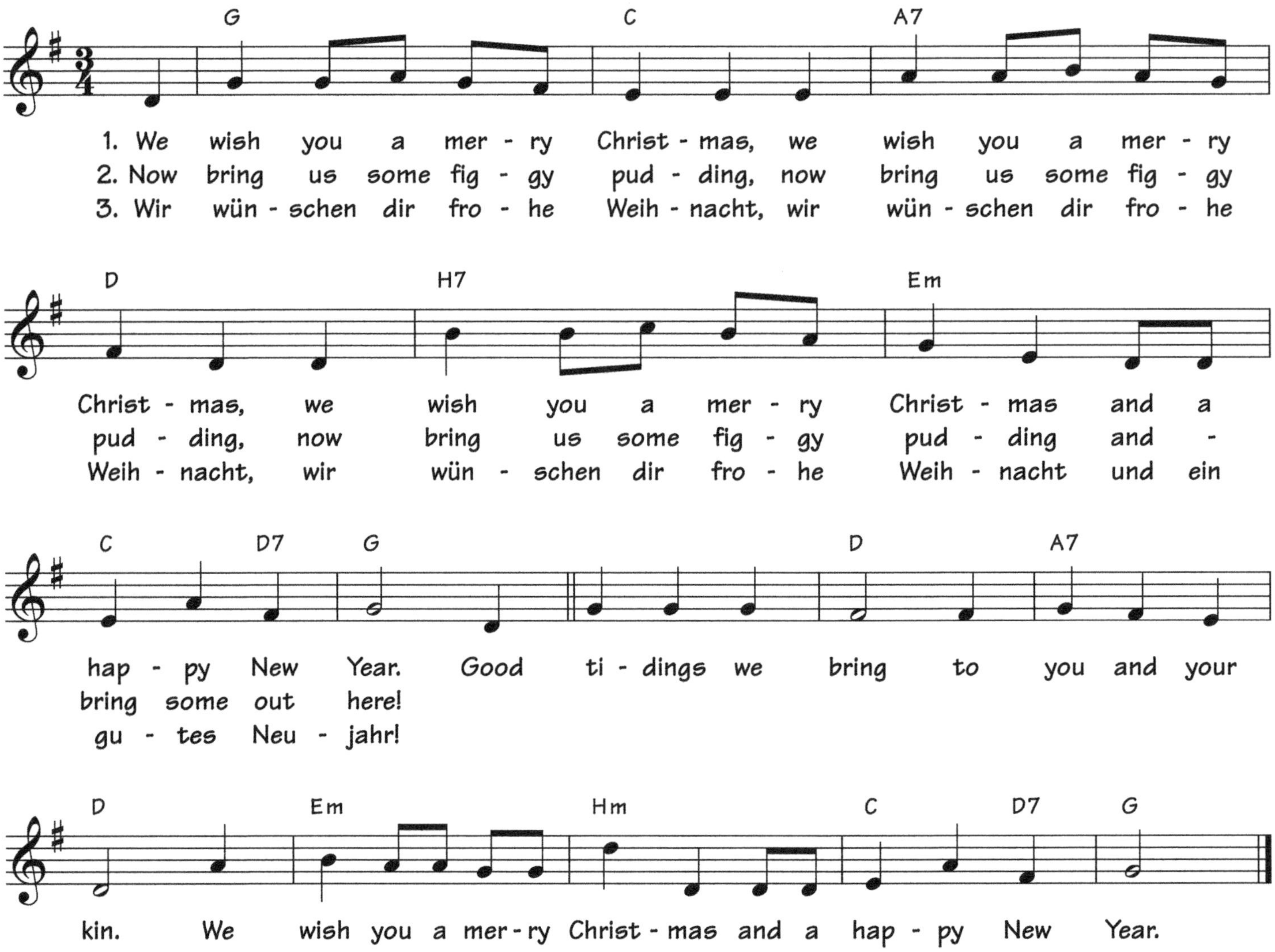

G C A7
1. We wish you a mer - ry Christ - mas, we wish you a mer - ry
2. Now bring us some fig - gy pud - ding, now bring us some fig - gy
3. Wir wün - schen dir fro - he Weih - nacht, wir wün - schen dir fro - he
D H7 Em
Christ - mas, we wish you a mer - ry Christ - mas and a
pud - ding, now bring us some fig - gy pud - ding and -
Weih - nacht, wir wün - schen dir fro - he Weih - nacht und ein
C D7 G D A7
hap - py New Year. Good ti - dings we bring to you and your
bring some out here!
gu - tes Neu - jahr!
D Em Hm C D7 G
kin. We wish you a mer - ry Christ - mas and a hap - py New Year.

Begleitung:

Picking

①
②
③
⑥
a a
m m
i i
p

Strumming

3
4

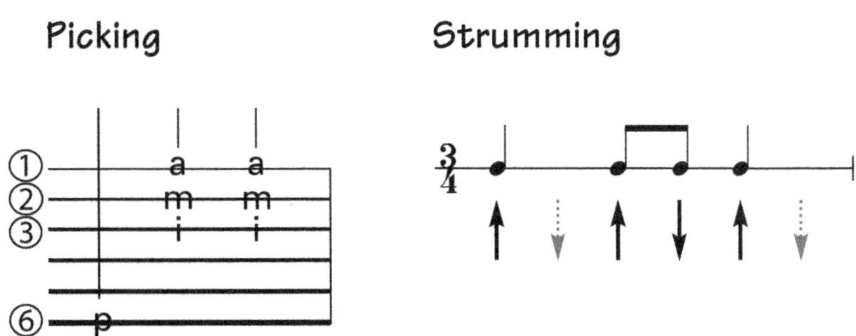

We Wish You a Merry Christmas

Capo V

aus England

Winter Wonderland

Richard B. Smith / Felix Bernard

C G7

1. Sleigh-bells ring, ___ are you list'-nin'? ___ In the lane ___ snow is
way ___ is the blue-bird, ___ here to stay ___ is a

G7 D7 G7

glist'-nin' ___ a beau-ti-ful sight, ___ we're hap-py to-night, walk-in' in a win-ter won-der-
new bird, ___ he sings a love song ___ as we go a-long, walk-in' in a win-ter won-der-

1. C 2. C E A E

land. 2. Gone a - land. In the mea-dow we can build a snow-man,

E A E G C

then pre-tend that he is Par-son Brown. He'll say, "Are you mar-ried?", we'll say,

G A7 D7 G G7

"No man! ___ But you can do the job when you're in town!" ___ 3. La-ter

C G7

on ___ we'll con-spi-re, ___ as we dream ___ by the fi-re, ___ to

G7 D7 G7 C

face un-a-fraid ___ the plans that we made, ___ walk-in' in a win-ter won-der-land

Begleitung:

Picking (Swing-Feeling)

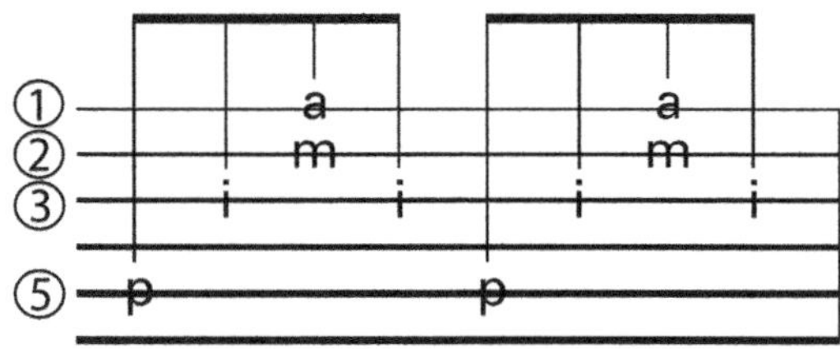

Strumming (Swing-Feeling)

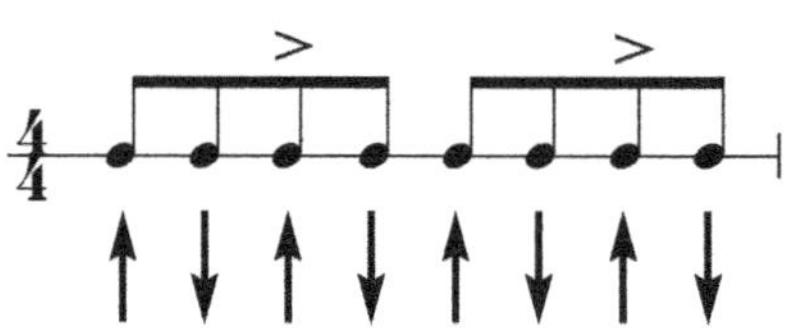

Winter Wonderland

Capo VII

Richard B. Smith / Felix Bernard

Zeichenerklärung

Linke Hand:
1 – Zeigefinger
2 – Mittelfinger
3 – Ringfinger
4 – kleiner Finger

Rechte Hand:
p – Daumen
i – Zeigefinger
m – Mittelfinger
a – Ringfinger

0 – klingende leere Saite
x – nicht klingende Saite

① – am höchsten klingende Saite
⑥ – am tiefsten klingende Saite

↑ – Akkordanschlag Richtung Fuß
↓ – Akkordanschlag Richtung Kopf

↑ (gepunktet) – Luftschlag Richtung Fuß
↓ (gepunktet) – Luftschlag Richtung Kopf

Akkordtabelle

C

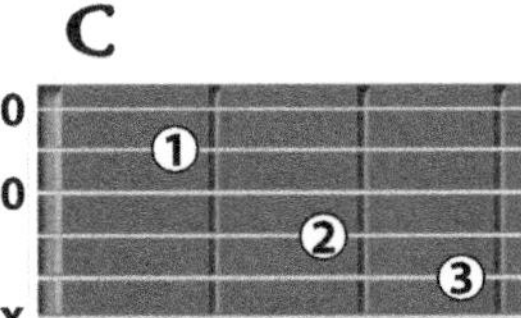

C/G

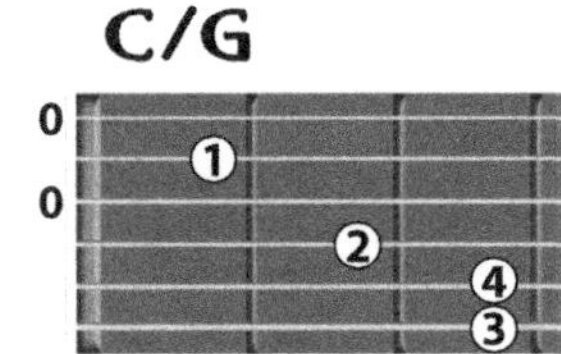

D

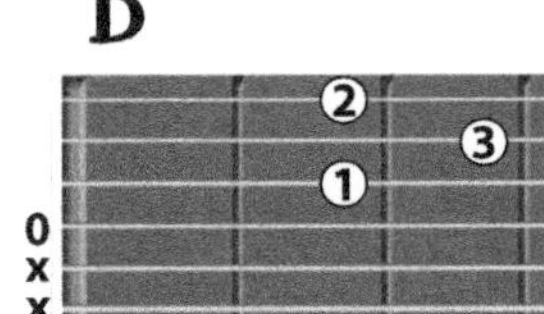

D/A

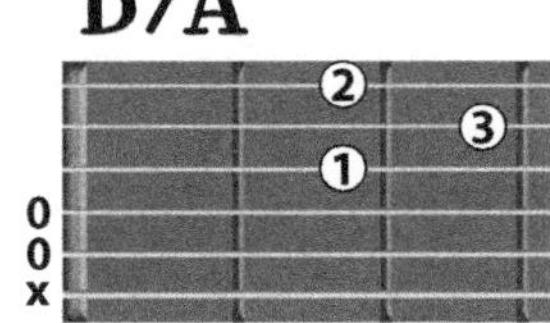

D7

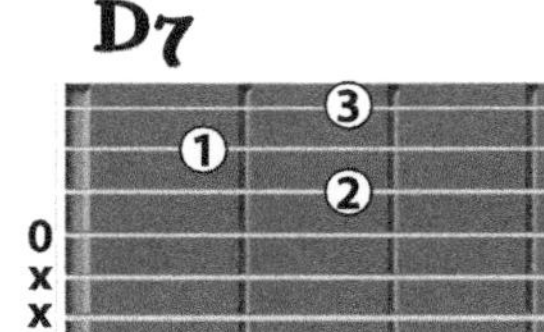

D6

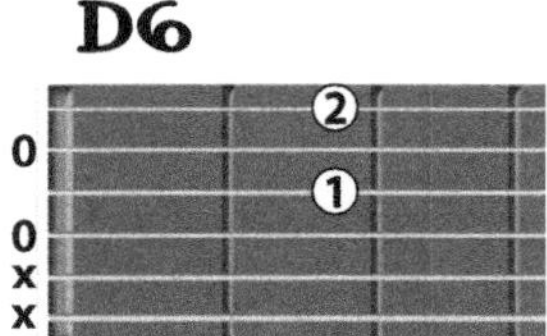

Dm

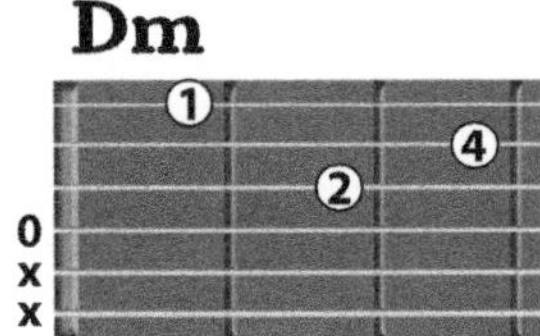

Dm7

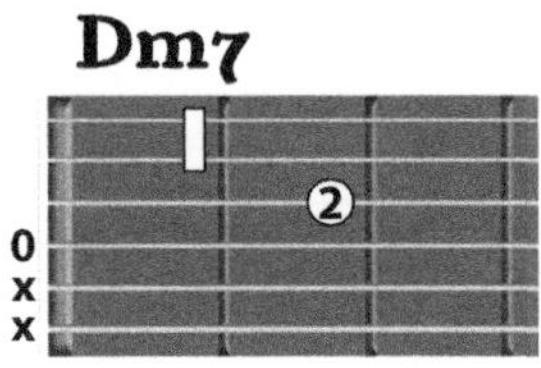

E

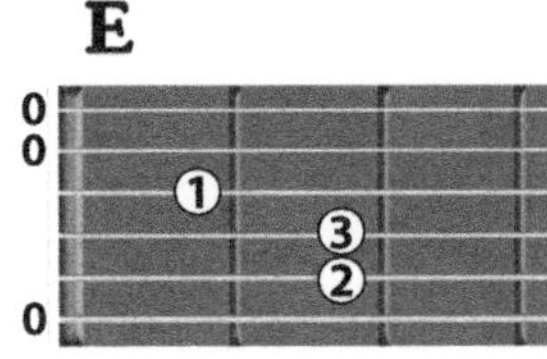

E7

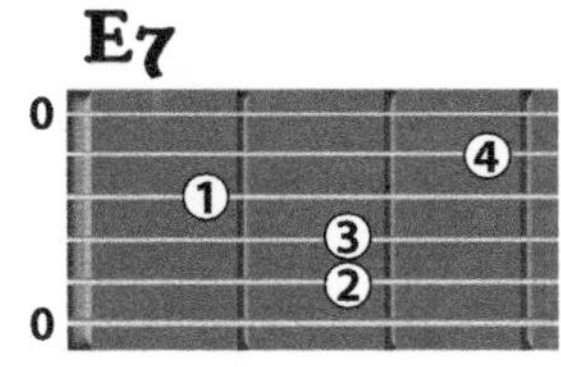

Em

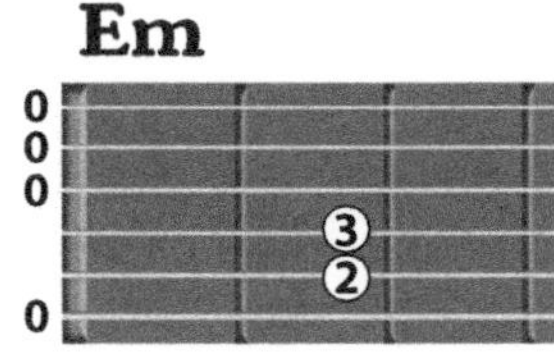

Em7

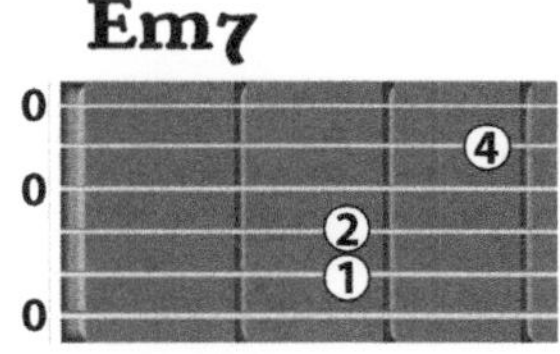

F

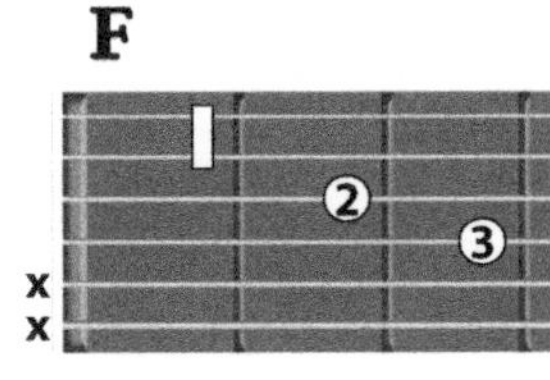

F

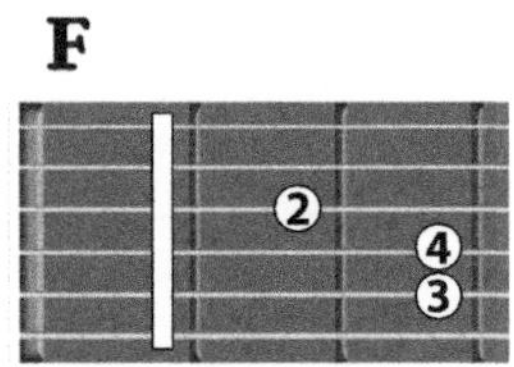

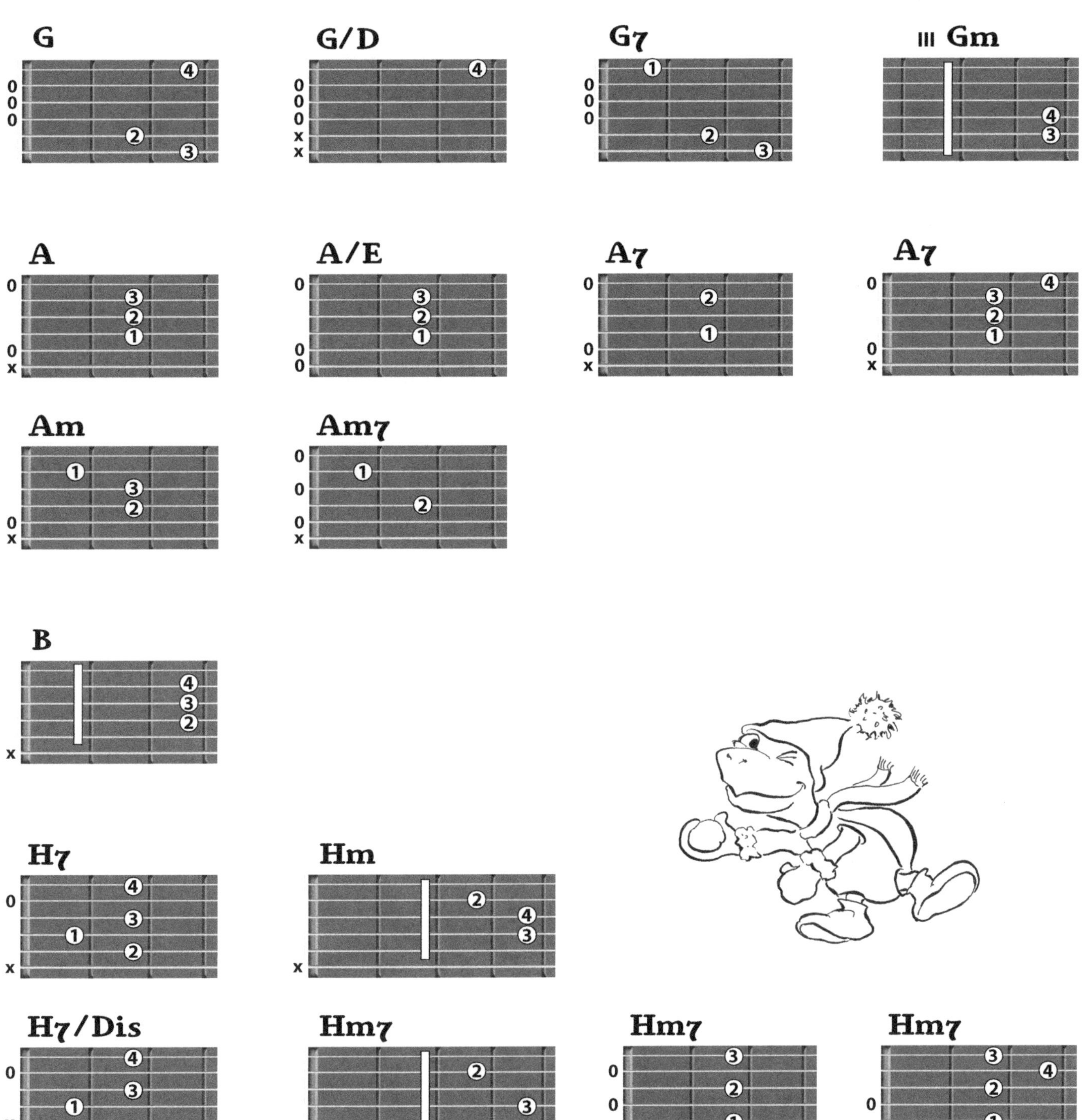

Oft sind bei einfachen Griffen (Em etc.) mehrere Fingersätze möglich. Entscheidend für die Wahl des Fingersatzes ist die einfachste Grifffolge bezogen auf den vorhergehenden und den nachfolgenden Akkord.

MICHAEL LANGER · FERDINAND NEGES

Play Guitar

Play Guitar – Gitarrenschule Band 1
D 3501/ISBN 978-3-86849-258-3

Play Guitar – Gitarrenschule Band 2
D 3502/ISBN 978-3-86849-259-0

Play Guitar Junior mit Schildi
D 3507/ISBN 978-3-86849-264-4

Play Guitar Together Band 1
D 3505/ISBN 978-3-86849-262-0

Play Guitar Together Band 2
D 3506/ISBN 978-3-86849-263-7

Play Guitar Spielbuch
D 3508/ISBN 978-3-86849-265-1

Play Guitar In Concert
D 3511/ISBN 978-3-86849-274-3

Play Guitar Christmas mit Schildi
D 3509/ISBN 978-3-86849-266-8

Play Guitar Christmas Special
D 3510/ISBN 978-3-86849-267-5

www.dux-verlag.de